PELE SILENCIOSA, PELE SONORA
A LITERATURA INDÍGENA EM DESTAQUE

COLEÇÃO **PRÁTICAS DOCENTES**

Janice Thiél

PELE SILENCIOSA, PELE SONORA
A LITERATURA INDÍGENA EM DESTAQUE

autêntica

Copyright © 2012 Janice Thiél
Copyright © 2012 Autêntica Editora

COORDENADORA DA COLEÇÃO PRÁTICAS DOCENTES
Maria Eliza Linhares Borges

CONSELHO EDITORIAL
Ana Rocha dos Santos (UFS)
Celso Favaretto (USP)
Juarez Dayrell (UFMG)
Kazumi Munakata (PUC-SP)

PROJETO GRÁFICO DE CAPA E MIOLO
Diogo Droschi

EDITORAÇÃO ELETRÔNICA
Conrado Esteves

REVISÃO
Lílian Oliveira

EDITORA RESPONSÁVEL
Rejane Dias

Revisado conforme o Novo Acordo Ortográfico da língua portuguesa de 1990, em vigor desde janeiro de 2009.

Todos os direitos reservados pela Autêntica Editora. Nenhuma parte desta publicação poderá ser reproduzida, seja por meios mecânicos, eletrônicos, seja via cópia xerográfica, sem a autorização prévia da Editora.

AUTÊNTICA EDITORA LTDA.
Belo Horizonte
Rua Aimorés, 981, 8º andar . Funcionários
30140-071 . Belo Horizonte . MG
Tel.: (55 31) 3214 5700

São Paulo
Av. Paulista, 2.073, Conjunto Nacional, Horsa I
11º andar, Conj. 1101 . Cerqueira César
01311-940 . São Paulo . SP
Tel.: (55 11) 3034 4468

Televendas: 0800 283 13 22
www.autenticaeditora.com.br

Dados Internacionais de Catalogação na Publicação (CIP)
(Câmara Brasileira do Livro, SP, Brasil)

Thiél, Janice
　　Pele silenciosa, pele sonora : a literatura indígena em destaque / Janice Thiél. – Belo Horizonte : Autêntica Editora, 2012. – (Coleção Práticas Docentes, 3)

　　Bibliografia
　　ISBN 978-85-65381-21-5

　　1. Literatura indígena - Estudo e ensino 2. Professores - Formação I. Título. II. Série.

12-03100　　　　　　　　　　　　　　CDD-898

Índices para catálogo sistemático:
1. Literatura indígena : Estudo e ensino 898

Vestidos por florestas
Singramos rios
Singramos a ternura das nuvens
E aqui chegamos.
Peito aberto, cultura e coração
Trazemos o canto do vento
O piar das corujas e do gavião.
A lembrança de dez mil anos
De dez mil flechas
E todos os versos de nossas tradições.
Somos guerreiros
Guerreiros sem flechas e tacapes.
Lutamos com palavras
Defendendo a cultura de nossos povos
Preservando a identidade de ser índio
Ameaçada de extinção.
Nascemos para o conto
Para a beleza das histórias
Para a poesia e sua emoção.
O tempo não é mais de lamento
O tempo é do ritual das palavras
Em versos
Em sonhos...

(Tiago Hakiy, "Índio e tradição",
Awyató-Pót: Histórias indígenas para crianças)

INTRODUÇÃO 9

CAPÍTULO 1
EXISTE LITERATURA INDÍGENA? 15

CAPÍTULO 2
**MAS EXISTE LITERATURA
INDÍGENA BRASILEIRA?** 48

CAPÍTULO 3
**AS TEXTUALIDADES
INDÍGENAS E SUA LEITURA** 73

CAPÍTULO 4
**TEXTOS INDÍGENAS
CONTAM A HISTÓRIA DO BRASIL** 102

CAPÍTULO 5
TEXTOS INDÍGENAS CONTAM O ÍNDIO 116

CAPÍTULO 6
**DESAFIOS E RUMOS
DA LITERATURA INDÍGENA** 135

CONCLUSÃO 151

REFERÊNCIAS 155

INTRODUÇÃO

Este livro é fruto de um despertar: para o outro, para a literatura brasileira e para as muitas culturas do Brasil e das Américas.

Como professora de literaturas de língua inglesa, voltei-me para fora, para textos que representam tradições culturais respeitadas e estudadas há séculos. Contudo, sentia-me uma estrangeira em minha identidade brasileira, até o momento em que fui apresentada à literatura indígena.

Ponto de partida

Paradoxalmente, cheguei à literatura indígena brasileira por uma voz indígena norte-americana, quando li um conto de Sherman Alexie, autor Spokane/Coeur d'Alene. Essa leitura, aliada à menção feita pela Profª. Drª. Regina Przybycien a um autor indígena brasileiro, Kaká Werá Jecupé, provocou minha curiosidade por investigar as vozes e os universos literários dos índios brasileiros e norte-americanos.

De repente, deparei-me com textos, muitos textos, provenientes de tradições milenares e, por seu intermédio, comecei a formar vínculos com as Américas e com o Brasil que fizeram com que eu me sentisse em casa, em um lar construído pela literatura.

Pele silenciosa? Pele sonora?

Escrevi, então, minha tese de doutoramento, intitulada *Pele silenciosa, pele sonora: a construção da identidade indígena brasileira e norte-americana na literatura*, defendida em 2006 na Universidade Federal do Paraná.

Com base na pesquisa desenvolvida para a produção dessa tese e em reflexões posteriores, principalmente no que tange à inserção da literatura indígena na escola, apresento este livro. As sugestões nele inseridas são decorrentes de minha prática em sala de aula ministrando cursos sobre textualidades indígenas, estratégias de leitura e metodologia do ensino de literatura.

O título de minha tese surgiu após a leitura de um romance de Sherman Alexie (1998), intitulado *Matador índio*. Esse escritor é uma das mais presentes vozes indígenas norte-americanas contemporâneas. Nessa obra, um romance cujo foco é um índio vítima da ilegitimidade, parece haver uma tentativa de remover os estereótipos criados pelo branco para representar o nativo. Dividido em três partes, o texto nos apresenta uma personagem, John Smith, cujo nome remete ao anonimato ou desconhecimento da identidade na cultura norte-americana. Entre culturas, John demonstra ser incapaz de definir-se como "índio de verdade", pois é retirado dos braços de sua mãe, de sua comunidade, ao nascer e é levado para ser criado por um casal branco, seus pais adotivos. A identidade da personagem é construída com os elementos que possui, os quais são limitados, mas suficientes para que seja visto como "índio de verdade" em um primeiro momento, por suas características físicas, por sua pele. Contudo, John Smith não se sente como índio de verdade ao encontrar índios que manifestam sua vinculação a culturas tribais. Esta experiência é assim descrita no texto de Alexie (1998, p. 45):

> Embora tivesse se sentido um impostor em *powwows* urbanos, ele sempre gostara deles. Muitas vezes, quando era pequeno, Olivia e Daniel o haviam levado. Ao longo dos anos de observação e prática, aprendera como um índio supostamente agiria em um *powwow*. Quando tivesse idade suficiente para ir sem Olivia e Daniel, poderia fingir ser um índio de verdade. Poderia se imiscuir numa multidão de índios e ser simplesmente mais um anônimo. Pele silenciosa. Era assim que os índios de verdade chamavam uns aos outros. Peles. [...].

Usando um código de comunicação muito próprio, os índios do texto de Alexie se autodenominam "peles" e John se percebe como uma *pele silenciosa*, talvez pelo fato de sua construção identitária como índio ser produzida pelo outro, não índio, e não por ele mesmo.

A leitura do texto de Alexie permite que se observe o conflito entre as construções identitárias criadas *para* o índio e aquelas criadas *pelo* próprio índio. A pele pode ser vista como tecido de inserção no mundo, bem como material para escritura e comunicação com o outro – por meio de pinturas corporais, tatuagens. Então, as expressões *pele silenciosa* e *pele sonora* podem ser utilizadas como referência ao jogo dialético da construção das identidades dos índios, em face de seu contato com outras culturas e com a cultura ocidental não indígena.

Assim, utilizo a expressão *pele silenciosa* para remeter à invisibilidade do índio e à ausência de sua voz na produção literária nacional. A *pele silenciosa* sugere de que modo, ao longo dos séculos, a perspectiva ocidental hegemônica imagina o "índio verdadeiro", ao mesmo tempo que indica o silêncio que é imposto ao índio, embora este não tenha ficado silencioso desde seu encontro com o colonizador. Por sua vez, a expressão *pele sonora* propõe que o índio possui voz própria e a manifesta em textos de resistência e por meio de textualidades variadas.

A literatura e a formação de leitores

Como educadores, temos de nos deparar com a questão da inclusão social e cultural, bem como com o silenciamento ou a invisibilidade dos grupos indígenas ao longo da história, que devem ser revistos. Além disso, devemos nos preocupar com a construção de repertório de nossos alunos, bem como com o desenvolvimento de um olhar crítico sobre a literatura.

Compreendemos que, como mediadores de leituras, os professores exercem um papel essencial na formação de leitores competentes. A leitura de obras literárias, em especial, promove a percepção não só de temas variados, mas de como esses temas são abordados.

Literatura é a arte da palavra e a palavra diz o mundo, diz os seres que nele habitam e diz sua história, suas relações, encontros, conflitos, buscas e questionamentos.

A literatura é construída por visões de mundo e, se restringimos nossas leituras a certos grupos e visões, limitamos também nosso aprendizado e nossa possibilidade de ver e ler o mundo de uma maneira dinâmica. Portanto, é fundamental que formemos leitores que possam criar conexões entre saberes, perceber o lugar ideológico dos discursos, interpretar informações e desenvolver consciências.

Literaturas brasileiras

Costumamos trabalhar com nossos alunos do Ensino Médio com textos representativos da literatura brasileira, ou da literatura mundial, quando o tempo permite que relações dialógicas sejam estabelecidas. A literatura brasileira é constituída por muitas literaturas, por inúmeras culturas e vozes, tais como as indígenas. Estas merecem ser inseridas nos estudos promovidos na escola como forma de conhecimento e inclusão do outro, prática de multiletramento (especialmente letramento literário, informacional e crítico) e de leitura de multimodalidades textuais.

Por que ler literatura indígena?

A leitura de obras da literatura indígena problematiza conceitos, desconstrói estereótipos, promove a reflexão sobre a presença dos índios na história e sobre a forma como sua palavra e tradição narrativa/poética são apresentadas em sua especificidade.

Essas reflexões e esses conhecimentos não podem nem devem ficar restritos ao âmbito das universidades. Cada vez mais os professores dos ensinos Fundamental e Médio percebem a necessidade de formar leitores competentes e críticos nesses níveis. A educação para a cidadania, para o respeito à diversidade e para o desenvolvimento do pensamento crítico é necessária a todos. A leitura e a discussão de obras da literatura indígena contribuem para a reflexão sobre essas questões.

Os professores, por sua vez, buscam sempre novos conhecimentos. O universo da sala de aula instiga a procurar atualização; e, para se sentirem intelectualmente vivos e seguros em sua atuação, os professores precisam se nutrir: seu alimento, neste caso, é a formação, a capacitação. A literatura indígena pode ser o alimento que venha a fornecer novas dimensões de conhecimento.

Ler textos indígenas exige abertura para outras tradições literárias, construídas em multimodalidades discursivas que solicitam do leitor percepção de elementos provenientes de visões complexas de mundo e da arte de narrar histórias. Meu objetivo é discutir as características da produção indígena das Américas, com um enfoque na produção literária indígena brasileira, e sugerir também atividades de inserção e de leitura de textos indígenas brasileiros para o Ensino Médio.

Por que Ensino Médio?

Este livro pode ser utilizado indistintamente por professores de qualquer um dos níveis do Ensino Fundamental. As análises e reflexões apresentadas podem motivar leituras e promover debates; as atividades sugeridas podem ser adaptadas a diversos níveis escolares.

O livro é direcionado para professores do Ensino Médio por envolver uma experiência leitora própria de alunos desse nível. Seu repertório é mais adequado para problematizar e questionar conceitos e desenvolver atividades envolvendo multimodalidades de linguagem. Além disso, sintoniza-se com os "Parâmetros Curriculares Nacionais para o Ensino Médio" (BRASIL, 2000).

Organização do livro

Este livro traz, inicialmente, uma fundamentação teórica acerca da composição da literatura indígena das Américas. No capítulo 1, "Existe literatura indígena?", discuto a identidade do índio elaborada pelo europeu e pelo próprio índio; analiso também a presença da textualidade indígena no universo literário e questiono o conceito de literariedade quando aplicado às obras indígenas.

No capítulo 2, "Mas existe literatura indígena brasileira?", discuto a identidade do índio brasileiro pelo olhar do colonizador, avalio como se deu o desenvolvimento de uma literatura indígena brasileira e sua presença nos dias de hoje.

No capítulo 3, "As textualidades indígenas e sua leitura", apresento reflexões sobre autoria, temática, gênero literário e especificidades dos textos indígenas brasileiros, a fim de construir um caminho que possa conduzir ao trabalho com as textualidades indígenas na escola.

Em seguida, sugiro uma série de atividades práticas de leitura que podem ser aplicadas a textos indígenas em geral, para um trabalho de educação interdisciplinar. A leitura de obras da literatura indígena no Ensino Médio pode promover *diálogo entre conhecimentos*; conexões podem ser estabelecidas entre saberes por meio da literatura indígena envolvendo língua, modalidades de linguagem, história, sociologia, ética, filosofia, entre outros conhecimentos.

As atividades propostas nos capítulos 4, 5 e 6 foram preparadas para serem trabalhadas da 1ª à 3ª série do Ensino Médio.

No capítulo 4, "Textos indígenas contam a história do Brasil", apresento considerações sobre como a literatura indígena questiona e problematiza os estereótipos construídos sobre o índio e sua presença na História do Brasil; proponho atividades de leitura de textos indígenas a fim de que seja revista, a partir do ponto de vista do índio, sua presença na história do Brasil, sua relação com o outro, colonizador, e sua presença na sociedade contemporânea.

O capítulo 5, "Textos indígenas contam o índio", traz considerações sobre as múltiplas identidades dos índios, seu trânsito entre culturas e tradições; sugere ainda atividades de leitura de obras indígenas de forma a discutir construções de identidade, pertencimento e localização cultural.

No capítulo 6, "Desafios e rumos da literatura indígena", apresento considerações sobre o valor da palavra na literatura indígena; retomo ainda os pontos principais do livro e a questão da importância da inserção de textos indígenas na escola como prática de multiletramento.

Finalmente, na Conclusão, enfatizo a relevância de se trabalhar com a literatura e, especificamente, com a literatura indígena na escola. Aponto a relação desta obra com as orientações dos PCN para o Ensino Médio e comento sobre seu papel como forma de conhecimento do outro, dos muitos outros que contribuem para a produção literária brasileira.

Portanto, deixemos que o ritual das palavras, dos versos e dos sonhos da literatura indígena aconteça.

CAPÍTULO 1
EXISTE LITERATURA INDÍGENA?

*No meio da roda o fogo, irmão de outras eras.
Libera faíscas, irmãs das estrelas.
Soprando suavemente, o vento, o irmão-memória,
vem trazendo as histórias de outros lugares.
Sob nossos pés está a mãe de todos nós,
a terra, acolhedora. Sempre pronta, sempre mãe,
sempre a nos lembrar que somos fios na teia.*
(Daniel Munduruku, *Parece que foi ontem*)

Ao iniciar meus estudos sobre a literatura indígena, percebi que cada vez que meus pares me perguntavam sobre o que eu estava escrevendo, e eu respondia que estudava a literatura indígena, a pergunta seguinte era inevitável: "Mas existe literatura indígena?".

Esses questionamentos demonstravam o desconhecimento da literatura produzida por muitos representantes de nações indígenas das Américas ao longo de séculos e a necessidade de percebê-la em seu valor estético e cultural. O estudo da literatura indígena conduz a uma reflexão sobre o outro, o diferente, e sua inclusão/exclusão na sociedade contemporânea, no espaço urbano e na produção literária global e local.

Assim, justifica-se a proposta deste livro. Primeiramente, pelo predomínio da leitura do índio pelos olhos do outro, branco/ocidental/europeu, que, ao longo de cinco séculos de dominação das Américas, construiu uma representação etnocêntrica do índio que ainda hoje preenche o imaginário ocidental. Em segundo lugar, pelo desconhecimento, por parte de muitos educadores, da existência de uma literatura indígena nas Américas e no Brasil, literatura que conquista visibilidade no século XX, preenche uma lacuna com vozes até então apagadas e propõe o diálogo entre a voz indígena e a não indígena.

Terra *incognita, homo incognito*

Antes de discutir a voz indígena na literatura, acredito ser necessário examinar o termo "índio", imposto sobre os nativos americanos a partir de um equívoco. Ao aportarem no Novo Mundo, os viajantes e exploradores europeus depararam-se com uma terra *incognita* e com um *homo incognito*.

A terra deve ser explorada e o homem, observado, descrito e analisado, assim como a fauna e a flora locais. Um novo objeto de estudo apresenta-se aos olhos dos colonizadores: um *outro* precisa ser explicado àqueles que permanecem no Velho Continente e, de lá, definem como os *descobridores* do Novo Mundo devem agir para conquistá-lo.

Não por acaso, no período colonial, a compreensão do nativo pelo colonizador mantém-se, em geral, na relação Sujeito-objeto, em uma clara relação de poder. O colonizador europeu questiona-se sobre a classificação do outro, até mesmo sobre sua humanidade, escrevendo e inscrevendo o nativo em um mundo cujo centro se encontra na Europa.

Mas por que buscar o centro na Europa?

Há sempre um centro, a partir do qual discursos são produzidos e ao qual se está afiliado cultural e ideologicamente. Nesse espaço de localização, é possível reconhecer os pares e identificar os ex-cêntricos, isto é, aqueles "1. Que [se] desvia[m] ou afasta[m] do centro; 2. Que não tem[têm] o mesmo centro" (Ferreira, 1999, p. 857). Este outro é visto como marginal, alguém que, como observa Maurice Merleau-Ponty (2002, p. 168), "a meus olhos, está sempre à margem do que vejo e ouço, está a meu lado ou atrás de mim". Nessa medida, esse outro, escrito à margem da história, dela participa apenas como coadjuvante: pode estar presente, mas não é visto; pode falar, mas não é ouvido e, mesmo que seja ouvido, pode não ser compreendido.

O observador e narrador do americano nativo constrói discursos sobre seu objeto de pesquisa. Demonstra, por vezes, admiração diante de sua beleza e interesse por seus costumes; na maior parte das vezes, surgem leituras provocadas por uma ressignificação dos ritos e costumes do nativo. Ele é incompreendido em seus valores e considerado *bárbaro, selvagem, primitivo, não civilizado*.

Apesar de ter uma história própria, o nativo das Américas nasce para a História Ocidental somente quando é construído nos textos coloniais. A partir de então, recebe seu *registro civil*, mas não tem reconhecidas sua cidadania nem civilidade.

A denominação "índio" não reconhece a diversidade, mas constrói uma essência que permeia todo nativo-americano, independentemente da nação ou do grupo linguístico ao qual pertença.

Para o colonizador, o nativo não é visto como representante de uma civilização – assim como o habitante de nações europeias – mas como *primitivo*, colocado numa posição de subalternidade, sob o domínio ou a autoridade do europeu.

O olhar colonizador

A identidade do nativo começa a ser moldada segundo uma visão que não pode escapar à formação dos cronistas do século XVI e aos projetos nos quais estão inseridos.

O novo é explicado sob o prisma de um eixo representacional. É tecido por olhares voltados para o Novo Mundo, mas política e culturalmente localizados no Velho Mundo. O *olhar do colonizador* tem *pés* que não estão necessariamente na terra que descreve.

Enquanto ocupante de um espaço visto como selvagem, por ainda não ser cultivado de acordo com modelos europeus, o colonizador legitima sua posse do Novo Mundo ao lavrá-lo e explorá-lo economicamente.

O colonizador legitima sua conquista da América e do americano ao nomear o continente e o nativo, ou seja, lavrá-los metaforicamente.

Como Adão, o primeiro homem que nomeia o que está ao seu redor e sob seu domínio, o europeu funda um mundo e um homem novos através da palavra que estabelece a submissão do que é descoberto, cultivado e colonizado.

Eni Orlandi (1990, p. 104) afirma: "Conhecer [...] é nomear, o que, no discurso do colonizador, institui uma relação administrativa: nomear é governar". Nomear é prática política que estabelece uma relação de poder. O colonizador inventa o *índio*, rotulado por um discurso homogeneizador, que ainda persiste no século XXI. Pelo seu discurso, submete a existência e caracterização do índio a quadros de referência europeus. Como observa João Adolfo Hansen (1998, p. 351-352),

> Quando lemos os textos de cronistas e jesuítas que atuaram no Brasil nos séculos XVI e XVII, observamos que produzem um novo objeto – chamado de "índio" por causa do equívoco geográfico de Colombo, que acreditou ter chegado à Índia, em 1492 – [...] construído por meio de um mapeamento descritivo de suas práticas, ao qual se associam prescrições teológico-políticas que as interpretam e orientam segundo um sentido providencialista da história, que faz de Portugal a nação eleita por Deus para difundir a verdadeira fé. Obviamente, não havia "índio" nem "índios" nas terras invadidas pelos portugueses, mas povos nômades, não cristãos e sem Estado. No contato, repito, os missionários e os cronistas do século XVI classificam a pluralidade desses povos como "índios" e, simultaneamente, produzem uma essência, "o índio", que definem como alma selvagem ou animal sem alma naturalmente subordinados às instituições. Quando classificam o novo objeto com as metáforas "animal", "gentio", "selvagem" e "bárbaro", também evidenciam a positividade prescritiva da universalidade de "não-índio", ou seja, o "civilizado", branco, católico, de preferência fidalgo e letrado.

Visto como folha em branco, o nativo é classificado como uma nova espécie que é descoberta e incorporada ao universo do conhecimento europeu. Domesticado pelo nome, o índio deve ser também conquistado em seu espírito e ação. Daí surge a necessidade de sua pacificação.

Para Orlandi (1990, p. 66), pacificar "se define como intervenção em outro espaço: o do poder e o da representação política do branco sobre o índio". Quando o discurso do colonizador sugere a pacificação do índio, propõe, na verdade, sua conformidade, seja para adequar-se à condição de escravo, aceitar um modelo de salvação cristã, seja simplesmente para deixar de oferecer resistência.

A pacificação, necessária para a realização dos projetos de grupos específicos de colonizadores, envolve estratégias militares, conversão, reeducação ou exclusão. Como consequência, a manifestação cultural e literária dos índios é menosprezada, considerada exótica ou primitiva, apagada ou recriada por um olhar e um discurso não indígena.

O bárbaro, selvagem, primitivo

Na época da colonização, o índio é construído pelos cronistas do período como *bárbaro*, como oposto ao que a cultura eurocêntrica vê como civilizado.

No entanto, é importante lembrar que a origem dessa construção, a Europa, também não constitui uma cultura homogênea. Não existia, no século XVI, como não existe hoje, uma única cultura europeia; havia naquela época vozes dissonantes sobre a colonização, sobre o que se considerava *civilizado*. Por exemplo, a caracterização do índio como selvagem é percebida como controversa por Michel de Montaigne. Nos seus *Ensaios* (1580), ele reflete sobre o que significa considerar bárbaros os povos do Novo Mundo. O ensaio XXXI, intitulado "Dos canibais" (1996, p. 195), sugere a problematização do uso das palavras *bárbaro* ou *selvagem* na relação com o outro:

> [...] não vejo nada de bárbaro ou selvagem no que dizem daqueles povos; e, na verdade, cada qual considera bárbaro o que não se pratica em sua terra. E é natural, porque só podemos julgar da verdade e da razão de ser das coisas pelo exemplo e pela idéia dos usos e costumes do país em que vivemos. Neste a religião é sempre a melhor, a administração excelente, e tudo o mais perfeito. A essa gente chamamos selvagens como denominamos selvagens os frutos que a natureza produz sem intervenção do homem. No entanto, aos outros, àqueles que alteramos por processos de cultura e cujo desenvolvimento natural modificamos, é que deveríamos aplicar o epíteto.

Esse discurso, no entanto, foi minoritário e não correspondia aos interesses econômicos, políticos, religiosos dos projetos de colonização do Novo Mundo. O discurso que cria o índio bárbaro orienta a conquista e exploração do Novo Mundo. As representações do outro como *primitivo, marginal, periférico* ou *de diversidade aceitável* são instrumentos de poder e interessam a um projeto colonial de enfraquecimento da imagem do índio a fim de fortalecer a autoridade do colonizador.

Rótulos são inventados para construir a alteridade e forçar o outro a se sujeitar àquilo que o centro de poder designa como *padrão*. De acordo com Carlos Skliar (2003, p. 114), "o outro deve sempre coincidir com o que inventamos e esperamos dele, e, se essa coincidência não ocorre com a freqüência que esperamos, a invenção e a espera se tornam mais destrutivas, mais violentas e, finalmente, mais genocidas".

O índio – o outro/diferente – deve se *con-formar*, ou seja, formar-se com a ideologia e os valores do colonizador, submeter-se à nova ordem e reconfigurar seu mundo.

Entre os rótulos construídos para identificar as diferentes nações indígenas, foram criados nomes tribais com base em algumas características observadas pelo colonizador. Como aponta Larry J. Zimmerman (2002, p. 10):

> Os nomes tribais de muitos grupos são relativamente recentes e foram-lhes dados por missionários, exploradores e comerciantes brancos, impressionados com determinadas características de certos povos, como os Narizes-Furados (do francês *nez percé*), mas por vezes os europeus adoptavam nomes usados por outros grupos. Por exemplo, *sioux*, da palavra *ojibuá* para "cobra", significa "inimigo". Os Inuítes modernos não gostam de "esquimó", termo algonquino para "comedores de carne crua", não por ser incorrecta, mas por ser tradicionalmente utilizada pelos inimigos.

No Brasil, muitos povos indígenas foram denominados pelos brancos também com base em nomes atribuídos a certas comunidades por seus inimigos. Já os Kaxinawá receberam essa designação da seguinte forma, segundo narrativa apresentada na obra *Shenipabu*

Miyui, dos Professores Indígenas do Acre (2000, p. 9): os brancos viram um índio que brincava com um morcego; quando perguntado quem era, o índio respondeu, em sua própria língua, que estava matando um morcego; como a palavra indígena usada para *morcego* foi *Kaxi*, este foi o nome pelo qual ele e sua tribo passaram a ser conhecidos.

Ainda há os casos apontados por Carlos Alberto Ricardo (2004, p. 36) com relação a denominações impostas como "[...] Beiço de Pau (para se referir aos Tapayúna, do MT) ou Cinta-Larga, assim chamados por sertanistas da FUNAI simplesmente porque usavam largas cintas de cipó quando foram contatados no final da década de 1960, em Rondônia."

Pelos exemplos apresentados, percebe-se que a denominação do índio e dos grupos tribais pelo não índio envolve a ressignificação de vários elementos das culturas indígenas.

O bom selvagem

Enquanto os primeiros séculos da presença europeia no Novo Mundo visam à legitimação da posse e ocupação do continente americano, os séculos XVIII e XIX relacionam-se à ampliação do território ocupado. Movimentos de expansão para o interior e para o oeste, por bandeirantes e pioneiros, intensificam os conflitos entre colonizadores e índios.

Os bandeirantes, em sua exploração das riquezas da terra, conduzem ao despovoamento do Brasil, pois, como afirma Capistrano de Abreu (*apud* Moog, 1985, p. 91),

> [...] as bandeiras [...] concorreram antes para despovoar que para povoar nossa terra, trazendo índios dos lugares que habitavam, causando sua morte em grande número, ora nos assaltos às aldeias e aldeamentos, ora com os maus tratos infligidos em viagens, ora, terminadas estas, pelas epidemias fatais constantes aqui e alhures, apenas os silvícolas entram em contato com os civilizados.

Em contrapartida, no século XIX, o índio transforma-se em personagem adequado para a construção da identidade nacional. A partir da invenção de um passado mítico, escritores brasileiros, como Gonçalves

Dias e José de Alencar, e norte-americanos, como Washington Irving e James Fenimore Cooper, criam personagens como o *bom selvagem*, na literatura, para refletir ideais nacionalistas, idealizar a natureza e criticar a civilização.

A idealização do elemento primitivo encontra sua expressão mais significativa na obra de Jean-Jacques Rousseau, que, no século XVIII, divulga a ideia do "bom selvagem". Em sua obra *Discurso sobre a origem e os fundamentos da desigualdade entre os homens* (1755), Rousseau critica a sociedade vigente e propõe-se a tratar dos dois tipos de desigualdade de que a espécie humana sofre: 1) a desigualdade natural ou física e 2) a desigualdade moral ou política. Para Rousseau, a primeira é estabelecida pela natureza; a segunda é determinada pela sociedade civilizada e suas convenções.

Contudo, existe um mundo *natural* não corrompido pelos aspectos negativos que compõe a civilização. Esse mundo é habitado por homens primitivos, assim descritos no texto de Rousseau (2005, p. 36):

> Acostumados desde a infância às intempéries do ar e ao rigor das estações, exercitados no trabalho e forçados a defender, nus e sem armas, a sua vida e a sua presa contra os outros animais ferozes, ou a escapar da sua perseguição, os homens adquirem um temperamento robusto e quase inalterável [...].

A representação do homem primitivo pela nudez e ausência de armas, bem como sua animalização, remete a textos de viajantes do século XVI pelas terras do Brasil. Contudo, as carências, mencionadas por Rousseau, de vestimenta e armas parecem investir os índios de características que sugerem seu valor. Eles dependem de sua agilidade e força para defesa e ataque.

O filósofo examina o homem primitivo sob o seu enquadramento de mundo. A invenção de um selvagem destituído das necessidades que compõem a vida do homem civilizado parece já anunciar a crítica ao modelo social europeu que Rousseau apresenta na segunda parte de seu livro.

O índio, destituído das necessidades que conduzem à deterioração moral, surge como contraponto ao europeu corrompido. Para Rousseau (2005, p. 51-52), as carências do índio significam que vive em "estado de natureza", o que o leva a elaborar o mito do *bom selvagem*:

> Parece, à primeira vista, que os homens nesse estado [natural], não tendo entre si nenhuma espécie de relação moral nem de deveres conhecidos, não podiam ser bons nem maus, nem tinham vícios nem virtudes, a menos que, tomando essas palavras em um sentido físico, se chamem vícios, no indivíduo, as qualidades que podem prejudicar a sua própria conservação, e virtudes as que podem contribuir para essa conservação. [...] Com efeito, não é nem o desenvolvimento das luzes, nem o freio da lei, mas a calma das paixões e a ignorância do vício que os impedem de fazer mal [...].

O homem primitivo elaborado por Rousseau segue os impulsos da natureza e suas ações visam à própria sobrevivência. O *bom selvagem* não está contaminado pelos vícios da civilização e desconhece os móveis que conduzem um homem a prejudicar outro.

Parece ser possível observar no texto de Rousseau um desdobramento do conceito de *selvagem* que se aproxima daquele concebido por Montaigne. Nessa linha de pensamento, poder-se-ia se dizer que havia então dois selvagens: o *homem primitivo*, não corrompido pelo sistema social europeu, e o *homem civilizado*, selvagem em sua ambição desmedida e inveja.

O olhar romântico

A oposição entre natureza e civilização, bem como o mito do *bom selvagem*, exerce poderosa influência na produção literária do século XIX. Imersos em um projeto de construção da nacionalidade brasileira e norte-americana, escritores como José de Alencar e James Fenimore Cooper buscam uma temática americana: centrada na natureza e no homem primitivo.

O índio, transformado em personagem da literatura romântica, é idealizado de tal forma a congregar características de heróis e cavaleiros medievais. Oliveira (2000, p. 83) afirma: "Como diz Katia Abud, o índio histórico foi derrotado, escravizado. O índio mitológico de antes da chegada do homem branco à terra permanece".

No Brasil, os românticos recorrem a um passado mítico para a idealização do nobre selvagem. Segundo Risério (1993, p. 66-67), no século XIX

> O índio já não era uma presença hostil, rondando com suas flechas o trabalho nas minas. Não era sequer uma *presença*, no sentido próprio do termo – graças, inclusive, à desatenção geral a respeito da sua vida. Dante Moreira Leite se detém nesse ponto: "o índio foi, no romantismo, uma imagem do passado e, portanto, não apresentava qualquer ameaça à ordem vigente, sobretudo à escravatura". Os escritores, políticos e leitores identificavam-se com esse índio do passado, ao qual atribuíam virtudes e grandezas; o índio contemporâneo que, no século XIX como agora, se arrastava na miséria e na escravidão, não constituía um tema literário.

Por sua vez, a literatura romântica norte-americana representa o crescimento do espírito nacionalista e o movimento de expansão da fronteira para o oeste. Ocorre uma idealização desse espaço e do homem que nele se insere, o pioneiro.

O índio norte-americano também é idealizado como *bom selvagem*: ele segue um código próprio de conduta que permite sua sobrevivência no espaço natural; é descrito como nobre, honrado e sábio guia do homem branco pelo espaço selvagem (*wilderness*).

No entanto, em geral, a imagem do pioneiro sobrepõe-se à do índio. É o pioneiro quem se transforma no herói nacional. Vale lembrar que a produção literária romântica norte-americana ocorre ao mesmo tempo que acontece o avanço do colono por terras indígenas no oeste. Essas terras são desapropriadas, o que torna os conflitos entre brancos e índios mais acirrados. Dessa forma, o índio está presente na literatura, mas cada vez mais ausente da sociedade anglo-saxã.

Manifestações de resistência

Devido aos movimentos de colonização e expansão territorial, houve muita resistência e muitos confrontos entre índios e não índios.

Os povos indígenas das Américas precisaram enfrentar guerras, escravização, perseguição, massacres, epidemias e remoção para reservas.

A ocupação das terras de norte a sul não aconteceu sem resistência. Confrontos com exploradores e colonizadores, com governantes e soldados, fazem parte da História.

Durante esse período, os índios tentam fazer com que sua presença seja respeitada e sua voz, ouvida. Textos como o do Chefe Seattle, por exemplo, são ainda hoje citados como referência.

Em um pronunciamento que se supõe tenha acontecido em 1855, e que mais tarde foi transformado em uma carta, o Chefe Seattle afirma sua defesa da natureza. Esse pronunciamento é uma resposta ao então presidente norte-americano sobre a venda de terras indígenas. O texto demonstra a consciência do Chefe Seattle das consequências da exploração desenfreada da terra para índios e não índios.

> Como é que se pode comprar ou vender o céu, o calor da terra?
>
> Esta ideia nos parece estranha. Se não possuímos o frescor do ar e o brilho da água, como é possível comprá-los?
>
> Cada pedaço desta terra é sagrado para meu povo. Cada ramo brilhante de um pinheiro, cada punhado de areia das praias, a penumbra na floresta densa, cada clareira e inseto a zumbir são sagrados na memória e experiência de meu povo. A seiva que percorre o corpo das árvores carrega consigo as lembranças do homem vermelho.
>
> Os mortos do homem branco esquecem sua terra de origem quando vão caminhar entre as estrelas. Nossos mortos jamais esquecem esta bela terra, pois ela é a mãe do homem vermelho. Somos parte da terra, e ela faz parte de nós. [...]
>
> Isto sabemos: a terra não pertence ao homem, o homem pertence à terra. Isto sabemos: todas as coisas estão ligadas como o sangue que une uma família. Há uma ligação em tudo.
>
> O que ocorrer com a terra recairá sobre os filhos da terra. O homem não tramou o tecido da vida: ele é simplesmente um de seus fios. Tudo o que fizer ao tecido fará a si mesmo. [...]
>
> *Carta da Terra*, Cacique Seattle, do Povo Squamish
> (Chefe Seattle, 2011)

O índio se faz ver e ouvir

Na segunda metade do século XX, mais especificamente a partir dos anos 1960, nos Estados Unidos, grupos étnicos conquistam especial visibilidade, impulsionada pelos movimentos afro-americano e feminista. Então, outros grupos minoritários, entre eles os povos indígenas, expressam questionamentos e realizam manifestações por direitos civis.

Em junho de 1961, ativistas provenientes de 64 comunidades indígenas norte-americanas reúnem-se em Chicago para a realização de uma Conferência Indígena. Eles produzem um texto intitulado *The Declaration of Indian Purpose* (*A Declaração de Intenção Indígena*). Esse texto tem uma finalidade de afirmação política e de resistência e protesto contra a política governamental iniciada em 1953 e executada entre 1954 e 1962; segundo essa política, o Congresso norte-americano poderia exterminar uma tribo indígena pelo discurso escrito, ou seja, pela criação de uma lei.

Assim, a extinção de grupos étnicos nativo-americanos não efetuada pela violência das armas, pela remoção dos índios para reservas, ou pela exclusão social poderia ser efetuada pela lei. Isso aconteceria se a lei declarasse que certa tribo não mais existia, política ou legalmente, o que conduziria à exploração de terras indígenas. Essa lei passa então a ser instituída e mais de sessenta tribos são consideradas extintas – o que leva ativistas indígenas a reagir por meio da *Declaração*.

The Declaration of Indian Purpose – esboçada, debatida e votada por cerca de 700 índios – sugere uma revisão do significado e da aplicação do termo *direitos* na sociedade hegemônica norte-americana. O discurso indígena é, portanto, uma Declaração de Independência que revela uma vontade política de defesa das terras indígenas (no início dos anos 1960, a política de término foi revogada); ela também revela uma tomada de consciência do poder da palavra como forma de afirmação da existência, do estilo de vida e da resistência indígenas pelo contradiscurso. Essas questões pautam a reflexão sobre o papel da escritura e do escritor indígenas.

Duas grandes expressões da literatura indígena norte-americana: Vine Deloria e N. Scott Momaday

Quando, a partir dos anos 1960, o movimento político das nações indígenas norte-americanas ganha maior visibilidade, o movimento literário também ganha impulso. Isso pode ser observado principalmente a partir das publicações de dois autores: N. Scott Momaday e Vine Deloria Jr.

Publicado em 1969, o texto de Vine Deloria intitulado *Custer died for your sins: an Indian manifesto* (ainda sem tradução para o português) assinala a condição na qual os índios se encontram na época. Ele combate os estereótipos que constroem a identidade nativa e chama a atenção para a questão do término das nações indígenas. De forma irônica, o texto de Deloria trata da construção da identidade indígena pelo outro, desejoso por manter o índio distante de seu universo, de preferência na ficção idealizadora. Também sugere que os não índios parecem ser autoridades sobre os índios, quando os próprios índios não sabem muito bem quem são.

Deloria parece demonstrar também como a sociedade hegemônica leva o índio a desprezar sua herança cultural, sua aparência, sua identidade, em função da imagem de índio que lhe é apresentada como modelo. Assim, os índios transformam-se em escravos, cativos da construção ocidental e sujeitos à sua exploração.

> [...] Os experts nos pintam como eles gostariam que nós fossemos. Geralmente nós nos pintamos como gostaríamos de ser ou como nós poderíamos ter sido. Quanto mais nós tentamos ser nós mesmos, mais nós somos forçados a defender o que nunca fomos. O público norte-americano se sente muito confortável com os índios míticos da terra do estereótipo que sempre estiveram LÁ. Estes índios são selvagens, eles usam penas e resmungam. A maioria de nós não se encaixa nessa imagem idealizada, já que nós só resmungamos quando comemos demais, o que é raro (DELORIA JR., 1996, p. 66, tradução nossa).[1]

---

[1] *"[...] Experts paint us as they would like us to be. Often we paint ourselves as we wish we were or as we might have been.*

The more we try to be ourselves the more we are forced to defend what we have never been. The American public feels most comfortable with the mythical Indians of stereotype-land who were always THERE. These Indians are fierce, they wear

O texto do autor citado revela a marginalização do índio, condenado por muito tempo a viver em reservas, sem os direitos conferidos a outros americanos. Especificamente nos Estados Unidos, a partir dos anos 1960, a voz dos autores indígenas começa a se fazer ouvir com maior frequência e intensidade, com a produção de textos que marcam posicionamentos e projetos políticos e estéticos.

The House Made of Dawn, de N. Scott Momaday, recebe o reconhecimento da crítica literária, pois seu autor recebe, em 1969, o prêmio Pulitzer de literatura.

Nascido em Lawton, Oklahoma, Navarre Scott Momaday passa seu primeiro ano de vida em uma reserva indígena Kiowa, local de origem de seu pai; sua mãe tem ascendência inglesa e Cherokee. Devido ao fato de seus pais trabalharem como professores em reservas indígenas do sudoeste americano, Momaday entra em contato com tradições étnicas não só Kiowa, mas também Navajo, Apache e Pueblo. Já sua formação acadêmica inclui graduação na Universidade do Novo México, mestrado e doutorado na Universidade de Stanford, tendo exercido docência em várias universidades norte-americanas.

Em outra obra sua, *The man made of words* (1997), Momaday narra sua história pessoal, histórias de comunidades indígenas e de suas relações com o poder hegemônico ocidental e expressa perspectivas de contatos interculturais. O texto ainda traz ilustrações do próprio autor.

Como contador de histórias, Momaday explica o significado da arte de contar histórias para o nativo americano na introdução do ensaio "The storyteller and his art", incluído no livro *The man made of words*:

> Contar uma história da maneira certa, ouvir uma história contada da maneira certa – esta é uma tarefa antiga e sagrada, e é muito boa. [...] Nossas histórias nos explicam, justificam, sustentam, nos tornam humildes, e nos perdoam. E às vezes elas nos machucam e nos destroem. Não se engane, nós estamos em perigo na presença

---

feathers and grunt. Most of us don't fit this idealized figure since we grunt only when overeating, which is seldom."

> das palavras. Talvez as maiores histórias sejam aquelas que nos perturbam, que nos tiram de nosso contentamento, que ameaçam nosso bem-estar. É melhor entrar no perigo de tal história do que ficar a uma distância segura em um lugar onde a imaginação fica adormecida (MOMADAY, 1997, p. 169, tradução nossa).[2]

Quem são, então, os índios?

O outro está sempre a surpreender, a subverter sua rotulação e a oferecer alternativas de leitura de sua *alteridade*. John Ayto (1990, p. 21) aponta para a origem de *alter*, do latim *allius*, emprestado do grego *allos*, "outro", e do sufixo comparativo *–tero–*; consequentemente, *alter* significa "mais outro". Assim, o *outro* é sempre *mais outro*, em um processo de desdobramento incessante.

O índio, principalmente na América do Norte a partir dos anos 1960, questiona em seus textos as identidades, os estereótipos e os rótulos que lhe foram impostos pelo não índio.

Desde então, vários nomes *alter*nativos são propostos para a autodenominação. São utilizados os termos *nativo americano*, *povo aborígene*, *povo indígena* e *povo da primeira nação*. No entanto, muitos preferem utilizar o próprio termo "índio", não como forma de submissão, mas como um valor e uma apropriação. O termo "índio" talvez seja utilizado para construir uma unidade (mesmo que somente para olhos ocidentais), sinalizar uma representação da diferença (branco/índio) e indicar uma vontade política de resistência à sujeição colonial. Zimmerman (2002, p. 10) mais uma vez exemplifica como o processo de construção de uma identidade e de autodenominação é complexa para o nativo das Américas:

---

[2] *"To tell a story in the proper way, to hear a story told in the proper way – this is a very old and sacred business, and it is very good. [...] Our stories explain us, justify us, sustain us, humble us, and forgive us. And sometimes they injure and destroy us. Make no mistake, we are at risk in the presence of words. Perhaps the greatest stories are those which disturb us, which shake us from our complacency, which threaten our well-being. It is better to enter into the danger of such a story than to keep safely away in a space where the imagination lies dormant."*

A experiência de Tom Hudson (*Black Wolf's Shadow*), um veterano do Vietname de origem ojibuá, não deixa de ser significativa: "Quando eu era criança, chamavam-me 'mestiço' ... por volta dos quinze anos era apenas 'o de cor' e quando acabei a tropa chamavam-me 'índio'. Depois, por volta dos trinta anos, era um 'nativo norte-americano', aos trinta e cinco passei a ser 'um nativo norte-americano com direitos aborígenes' e agora, que tenho mais de quarenta, agradecia que me chamassem apenas Tom"!

Muitos escritores indígenas discutem as dificuldades de superar os estereótipos construídos sobre o índio ao longo de séculos. Pela escrita e pela literatura, eles encontram, de certa maneira, um espaço para dialogar com seus leitores e, quem sabe, com eles mesmos, sobre suas identidades e denominações.

Vale observar o que afirma sobre essa questão Gloria Bird (1998, p. 47-48), membro da tribo Spokane:

> A colonização é uma relação, afinal de contas. Olhando criticamente para como fomos construídos como "índios", e interrogando as maneiras pelas quais nos tornamos cúmplices no perpetuamento tanto dos estereótipos quanto da visão romantizada do povo indígena, é que damos o primeiro passo para desfazer o dano que a colonização causou. Se não tomarmos cuidado, nós poderemos ser facilmente levados a aceitar ideias como as de que estamos desaparecendo ou que somos inferiores, condenados e trágicos, bem como poderemos nos tornar vítimas do romantismo dos "índios", de quem se apropriaram para servir outras necessidades. Por exemplo, o Nobre Selvagem da cultura pop e da literatura norte-americana; "índios" como os primeiros ambientalistas (a síndrome do Índio Verde); ou "índios" como místicos [...]. Mas eu acredito que quando alguns de nós assistirmos à versão do cinema de O último dos Moicanos, nós iremos reconhecer que aquele não sou eu. E se eu percebo aquela representação do povo nativo como uma distorção, minha alternativa é oferecer outra versão para se contrapor àquela. (Tradução nossa)[3]

---

[3] *"Colonization is a relationship, after all. By looking critically at how we have been constructed as 'Indian', and by interrogating the ways in which we become complicit in the perpetuation of both the stereotyping and the romanticizing of Indian people, can we take the first step toward undoing the damage that colonization has wrought. If we are not attentive, we can easily be*

Nos séculos XX e XXI, os índios narradores de histórias passam a apresentar suas próprias versões das identidades indígenas. Por meio da escritura, eles discutem e desfazem as distorções construídas por séculos de colonização. Assim, a escrita e a literatura tornam-se instrumentos de poder e de revisão de identidades individuais e coletivas.

Quantos índios habitam as Américas? E o Brasil?

Na época anterior à colonização do Brasil, havia aqui cerca de cinco milhões de indígenas e mais de mil povos, segundo dados fornecidos pela revista *Brasileiros de Raiz* (2011, p. 12).

Na época anterior à colonização dos Estados Unidos, supõe-se que a população nativa era de 22 milhões de habitantes e havia naquele território 500 tribos indígenas, segundo o *site* <http://www.tolerance.org/activity/native-american-influences-us-history-an>.

Segundo dados recentes, esta é a situação da presença dos índios nas Américas no século XXI:

Tabela 1

Local	Nº de povos/nações	População
América Latina	400*	50 milhões
Brasil	238**	817.963
Estados Unidos e Canadá	561***	4 milhões e 500 mil**** (nos Estados Unidos)

*Segundo o texto de Isabel Hernández e Silvia Calcagno, "Os povos indígenas e a sociedade da informação na América Latina e o Caribe: um marco para ação", publicado no *site* <http://redistic.org/brecha/pr/18_-_CEPAL_portugu%E9s.html>.

**Segundo dados do Censo IBGE 2010 colhidos no *site* <http://pib.socioambiental.org/pt/c/no-brasil-atual/quem-sao/povos-indigenas>.

***Segundo informações do *site* <http://www.aaanativearts.com/indian tribes_by_states.htm>, referentes a dados de 2005.

****Dados do *site* <usa.usembassy.de/society-natives.htm>, referentes a 2009.

---

swayed into accepting notions of ourselves as vanishing or somehow inferior, doomed, and tragic, as well as falling prey to the romanticism of 'Indians' who have been appropriated to serve other needs. For instance, the Noble Savage of pop culture and American literature; 'Indians' as the first environmentalists (the Green Indian syndrome); or 'Indians' as mystics […]. But I trust that as some of us watch the film version of The Last of the Mohicans *we will come to recognize that that is not me. And if I view that representation of Native people as a distortion, my alternative is to offer another version of self to counter that one".*

Com relação à população indígena que habita as áreas urbana e rural no Brasil, os seguintes dados foram encontrados (Censo IBGE 2010):

Tabela 2

Área urbana	Área rural
315.180	502.783

Além disso, povos indígenas habitam não só as Américas, mas todo o globo, alguns com maior visibilidade, como os aborígenes australianos.

Os dados mencionados tornam perceptível a presença indígena no mundo e, mais especificamente, nas Américas. Consequentemente, demonstram a relevância de estudos voltados para sua identidade, sua contribuição para a construção de conhecimentos e sua expressão artística e literária.

Existe, então, literatura indígena?

Sendo o homem um ser de linguagem, sua geração de construções de identidade e alteridade passa pelo espaço discursivo e, consequentemente, pela literatura.

O colonizador silenciou ou ignorou a voz indígena de tantos grupos por muitos séculos, mas a arte narrativa indígena manteve sua expressão nas Américas.

Essa expressão dá-se primeiro pela tradição oral, desde antes do assim chamado descobrimento; após o contato com culturas europeias, as narrativas provenientes da oralidade passam a ser escritas para assegurar sua memória e preservação.

As construções discursivas indígenas, embora tenham sido produzidas paralelamente às ocidentais, não encontraram a mesma visibilidade ou valorização dadas às criações classificadas como literárias de acordo com padrões estéticos europeus.

Por exemplo, o livro intitulado *Popol Vuh* (Guatemala), que pode ser visto como a "Bíblia" do continente americano, data de meados do século XVI. Ele foi escrito pelos quiches em sua língua nativa, da família maia.

Segundo Gordon Brotherston (2007, p. 11-12), o *Popol Vuh*

> Escrito apenas três décadas após a invasão do território quiche liderada por Pedro de Alvarado em 1524, [...] procura afirmar memória e direito locais, perguntando: quem, naquele ano, entrou na história de quem?
> Quem entende melhor o tempo que vai prevalecer agora, "na Cristandade"? A quem pertence a narrativa mais original da gênese do mundo?

A História contada pelo colonizador europeu e a identidade indígena construída pelo outro indicam que a visão que prevalece é de que há uma grande narrativa, colonizadora e civilizadora. Esta prevalece sobre as demais e, por seu poder de narrar e divulgar suas narrativas, apaga as narrativas paralelas que apresentam versões diferentes da História. Assim, textos como o *Popol Vuh* são esquecidos, mas fazem parte de uma linhagem ou de uma tradição narrativa indígena que certamente existe.

Alguns elementos de culturas indígenas também têm sua relevância no período colonial. É o que se dá com as leis elaboradas pela Confederação dos Iroquois. Elas chegam ao conhecimento do colonizador e até mesmo influenciam a Constituição do que se tornou os Estados Unidos. Segundo Underwood e Underwood (2004, p. 45),

> [...] algumas das leis originais da confederação dos Iroquois – elaboradas para servir, proteger e resolver conflitos dentro de toda confederação, mas ao mesmo tempo permitindo que cada tribo individual tomasse suas próprias decisões locais – tornaram-se modelos para a Constituição dos Estados Unidos da América. (Tradução nossa)[4]

Assim, no período colonial, o nativo norte-americano marca sua presença na construção de uma nação soberana (sob o domínio europeu). Contudo, a apropriação de elementos da cultura nativa não

---

[4] "[...] some of the Iroquois confederation's original laws – designed to serve, protect, and resolve disputes within the entire confederation, while allowing each individual tribe to make local decisions – would prove to be models for the U.S. Constitution".

conduz à inclusão social ou política do índio na sociedade americana imediatamente após a independência.

Desde o século XVIII, há registros de produção textual nativa norte-americana, utilizando modalidades discursivas ocidentais e a língua inglesa. Segundo Perkins *et al.* (2002, p. 724), o primeiro autor indígena norte-americano a publicar um texto em inglês foi Samson Occom, de etnia Mohegan. Sua obra, intitulada *A sermon preached at the execution of Moses Paul, an Indian*, é de 1772.

Inúmeros textos autobiográficos, de ficção e poesia são publicados a partir do século XIX. Em 1833, William Apess publica ensaios de protesto/resistência. Em 1854, John Rollin Ridge, autor de textos de ficção e poesia, publica o primeiro romance em língua inglesa escrito por um índio, intitulado *The life and adventures of Joaquin Murieta*.

No início do século XX, aumenta a produção de romances escritos por autores indígenas: John Joseph Matthews, de etnia Osage, e D'Arcy McNickle, de etnia Cree-Salish, produzem romances voltados para a temática da busca de índios miscigenados por um lugar na sociedade; Todd Downing, de etnia Choctaw, escreve romances policiais e de mistério; e Will Rogers, índio Cherokee, publica sátiras relativas à política nacional e internacional.

Como mostrado anteriormente, desde 1960, principalmente nos Estados Unidos, a lacuna de estudos sobre a textualidade indígena tem sido preenchida e questões envolvendo a configuração dessas formas de expressão são cada vez mais discutidas. Isso se deve a lutas políticas de grupos minoritários (negros, mulheres, índios) por seus direitos e a movimentos indígenas voltados para a autoafirmação. É devido também a uma produção crescente de textos de autores indígenas cuja publicação alcança cada vez mais visibilidade no mercado editorial e na mídia.

No século XX, o índio passa a ser percebido pelas culturas dominantes como agente produtor de literatura inserida no espaço mercadológico ocidental, mas com características próprias de cada comunidade ancestral. Ademais, índios e não índios têm se dedicado também a teorizar sobre os elementos que subjazem à prática textual indígena.

E a literatura indígena no Brasil?

A literatura indígena impressa e publicada no Brasil é bem mais recente. A partir da década de 1990, os autores indígenas brasileiros alcançam maior visibilidade e divulgação. Hoje, como veremos no capítulo 2, o número de escritores indígenas no Brasil é surpreendente.

No século XX, o índio resiste e se expressa por meio de uma produção literária crescente e enriquecedora, apesar de sua voz não significar presença para o colonizador em séculos anteriores. Assim, torna-se essencial que nós, educadores, voltemos o olhar para o estudo de obras literárias que acompanham uma tradição discursiva milenar. No momento, essa tradição encontra reconhecimento pela academia e pela crítica e busca possivelmente uma identidade própria.

A literatura indígena é primitiva?

Os escritores indígenas desenvolvem práticas textuais extraocidentais e expressam-se a partir da tradição oral e pictórica. Por meio de suas obras, manifestam visões do mundo e da identidade indígena.

Apesar dessa produção, conceitos eurocêntricos de *escritura*, *literatura* e *história* regem a leitura de formas de expressão de culturas diferentes, muitas vezes vistas como inferiores ou primitivas. No entanto, Antonio Risério (1993, p. 34) afirma: "Me agrada, em especial, quando, diante da estreiteza de boa parte da erudição ocidental, Rothenberg proclama: 'PRIMITIVE MEANS COMPLEX' ".

Se a literatura produzida ao longo de séculos por essas e por inúmeras outras culturas indígenas é considerada *primitiva*, este termo deve ser interpretado não como simples ou pouco evoluído, mas, sim, como complexo e intrincado.

As culturas indígenas americanas têm narrado e lavrado sua história por meio de recursos discursivos pertencentes a poéticas diversas da poética ocidental, mas não menos complexas.

As poéticas extraocidentais são geralmente chamadas etnopoéticas. Estão à margem da poética de tradição europeia de ideologia dominante. Segundo esta tradição, "o prefixo *etno* se conjuga a precário ou menor" (ALMEIDA; QUEIROZ, 2004, p. 230). Contudo, todas as poéticas podem ser consideradas etnopoéticas; elas são configuradas de acordo com normas próprias a cada cultura produtora de textos.

No contato com as culturas ameríndias, o leitor etnocêntrico interpreta as manifestações da tradição indígena segundo normas e pré-conceitos teóricos. Para K. Kroeber (1981, p. 2-3)

> [...] Nós fomos ensinados a ler e responder de modo particular aos tipos específicos de fenômenos literários. [..]
>
> Frequentemente, não é tanto sua não familiaridade quanto nossas ideias preconcebidas que dificultam nosso entendimento de contos indígenas tradicionais. Assim, um leitor inexperiente pode ser auxiliado pelo fato de assumir que tais contos podem ser interpretados, que não estão abaixo nem além dos procedimentos costumeiros de análise e valoração literária e, portanto, que se pode encarar qualquer problema crítico apresentado por um certo conto.
>
> Deveríamos começar acreditando que uma narrativa oral indígena pode constituir uma obra-prima. Deve ser abandonada a falsa premissa de que essa literatura é primitiva. Não é. (Tradução nossa)[5]

O texto indígena é mesmo literário?

Compostas no intercâmbio entre oralidade e escritura, as textualidades indígenas revelam sua complexidade e seu caráter híbrido. Por isso, conduzem à releitura do que o cânone ocidental costuma considerar como texto literário.

---

[5] *[...] We have been taught to read and to respond in particular ways to specific kinds of literary phenomena. [...] Very often it is not so much their unfamiliarity as our preconceptions that make it difficult for us to understand traditional Indian tales. So it helps an inexperienced reader to assume that such tales can be comprehended, that they are neither below nor beyond our customary procedures of analyzing and evaluating literature, and, therefore, that one should attack head-on any overt critical problems posed by a particular tale. One should begin by assuming that an Indian oral narrative may be a first-rate work of art. One must abandon the misconception that this literature is 'primitive'. It is not."*

A palavra *literatura* provém de *littera*, "letra". Segundo Wolfgang Kayser (1985, p. 4), "De acordo com o significado da palavra, abrange toda a linguagem fixada pela escrita".

A obra literária é produto da imaginação, porta significados que requerem interpretação e constitui objeto estético. Estabelecer como literários os textos *fixados* pela escrita significa classificar como não literários os textos da produção oral.

Assim, parece ser criado um distanciamento entre a construção discursiva que conduz à *literatura* e aquela que compõe a tradição oral. Poéticas extraocidentais baseiam-se na confluência da *litera/oralidade*. Ao discutir a literatura extraocidental, Risério (1993, p. 38) declara:

> O conceito "literatura" recorta apenas uma certa região da praxis verbal criativa. Certos objetos de linguagem são agrupados numa classe "x" ou "y" pela tipologia européia. [...] literatura é um produto cultural europeu, com sua marca ideológica de nascença, seu vasto e dinâmico repertório formal, suas técnicas e truques, gramáticas e matrizes, variando escalas em função de escolas.

Os critérios essencialistas normalmente utilizados para a análise literária são inadequados ou insuficientes com relação aos textos indígenas. Sua literariedade difere daquela de textos canônicos ocidentais.

A noção de literariedade é cultural, como sugerem Maria Inês de Almeida e Sônia Queiroz (2004, p. 199) ao afirmarem que

> [...] literariedade e sentido não são qualidades intrínsecas dos textos, mas operações cognitivas e sociais. Pensar a literatura como prática social de determinado grupo significa levar em conta o contexto pragmático (os atos de linguagem), o que exigiria estudos dos pontos de vista cognitivo e sociológico dessa literatura. No caso, portanto, das literaturas indígenas em processo, seria necessário verificar suas relações com o esforço de aquisição e domínio da escrita, da língua portuguesa, com a luta pela reconquista da terra e pelos direitos civis, com a história da demarcação de terras; suas relações com os usos do livro e as práticas de leitura. Cada literatura tem sua própria literariedade e lingüisticidade.

Existe uma tendência para transplantar para culturas extraocidentais, como as indígenas, noções como as de literariedade, gênero literário e periodização. Porém, para a avaliação da literariedade da obra indígena, é preciso haver uma revisão do conceito canônico ocidental do que seja uma obra literária. Os critérios de valorização de uma obra vinculada a modelos europeus não são necessariamente os mesmos atribuídos a uma obra literária indígena.

O que se considera texto literário, e a teoria literária utilizada para classificá-lo ou analisá-lo, reflete aprendizado e centramento cultural. Mas *escrita* e *literatura* não são categorias universais.

O estudo da textualidade indígena deve levar em conta o entrelugar cultural dessa produção. A textualidade indígena composta entre a letra e o desenho, entre o olhar e a voz, altera a construção da linguagem poética e imprime estilos particulares à criação literária.

Kroeber (1981, p. 9) afirma que "Às literaturas indígenas falta a riqueza de estudos prévios que envolvem as obras ocidentais. É nossa erudição, não a literatura indígena, que é 'primitiva' ou subdesenvolvida" (Tradução nossa).[6]

Existe uma folclorização da textualidade indígena. Além disso, a academia e a crítica literária, muitas vezes, promovem e valorizam obras que correspondem a modelos do cânone ocidental.

Ler textos consagrados da literatura universal é certamente importante na formação literária. Contudo, ler somente o que é valorizado pelo cânone ocidental pode limitar a formação de repertório e conduzir à desqualificação dos textos extraocidentais. Além disso, deve-se lembrar que o cânone é mutável: as obras que o compõem e os critérios de valorização da produção literária variam e são revistos ao longo dos séculos.

A escrita indígena

A arte de narrar histórias está entrelaçada à própria história humana. Indispensável à construção de grupos sociais, narrativas de tradição oral, escrita e performática representam práticas de tessitura

---

[6] "Indian literatures lack the wealth of earlier studies with which Western works are surrounded. It is our scholarship, not Indian literature, which is 'primitive' or undeveloped."

de imaginários, manutenção de saberes ancestrais, expressão artística, criação e legitimação de identidades.

Narrar é exercer poder. No encontro entre as culturas europeias e ameríndias, as narrativas de tradição ocidental, expressas pela escrita alfabética, exercem seu poder criador da imagem e identidade do indígena. O discurso eurocêntrico constrói o silenciamento do índio. No entanto, as inúmeras culturas nativas não eram desprovidas de narrativas orais e escritas, expressas de diferentes formas.

Como afirma Martin Lienhard (1992, p. 31), "Todas as sociedades autóctones conhecidas elaboraram, antes da chegada dos europeus, algum sistema gráfico ou de anotação que correspondia as suas necessidades concretas. Elas não foram [...] sociedades 'sem escritura'" (tradução nossa).[7]

O termo *escritura* evoca, nesta afirmação, sistemas gráficos muitas vezes lidos pela tradição ocidental como elementos decorativos, mas a leitura da escrita do outro implica uma abertura para modalidades discursivas diferentes.

É possível questionar, por meio das palavras de Paul Zumthor (1985, p. 5): "Na verdade, que é a escrita? Marcas simbólicas, máscaras, tatuagens, emblemas sociais variados ... isto tudo não é escrita? A lista permanece em aberto".

Se a noção de *texto* pode ser ampliada, também a noção de *escritura* pode ser revista. Desde que significados possam ser construídos, praticamente tudo pode constituir escritura.

A influência da tradição oral

Os sistemas de expressão indígenas estão não só vinculados à grafia pictórica, mas também à tradição oral. No caso dos povos

---

[7] *"Todas las sociedades autóctonas conocidas elaboraron, antes de la irrupción de los europeos, algún sistema gráfico o de notación que correspondiera a sus necesidades concretas. Ellas no fueron, contrariamente a lo que insinuaran a través de sendas anécdotas Garcilaso o, en fechas más recientes, Lévi-Strauss, sociedades 'sin escritura'."*

mesoamericanos, por exemplo, Eduardo Santos (2002, p. 28) afirma que seu sistema de escrita pictoglífica

> [...] funcionava de forma conjunta com uma tradição oral e era utilizado, dentre outras coisas, para registrar a história de cada grupo, delimitar fronteiras regionais, marcar a contagem e a interpretação do tempo, registrar o controle do recebimento de tributos e as explicações sobre as origens do mundo e dos homens.

Contribuindo para esta construção multimodal está a tradição oral, considerada por Kaka Werá Jecupé (1998, p. 26) "[...] a forma original da educação nativa [...]". Culturas fundamentadas na tradição oral revelam sua crença no poder que a palavra pronunciada possui.

O processo narrativo de tradição oral é construído com base na repetição, que assegura a continuidade do que é relatado; repetição está aqui associada a reinvenção e atualização textual constantes.

Culturas de tradição oral são culturas do falar, pois privilegiam o papel exercido pelos rapsodos, contadores de histórias. São também culturas do ouvir, devido ao papel dos seus receptores e companheiros no discurso. Como as narrativas orais são ouvidas para ser retransmitidas, o papel do ouvinte é tão importante quanto o do narrador: ambos são agentes de construção textual. Tanto a fala quanto a audição são ativas, e o ouvinte auxilia com a realimentação da narrativa.

Nas narrativas de tradição oral, o elo entre o narrador e a audiência é essencial; no entanto, o elo fundamental é estabelecido com a palavra narrada. Para que este seja efetivado, uma série de estratégias discursivas são utilizadas. Segundo Walter Ong (1998, p. 47-58), alguns dos elementos que caracterizam o pensamento e a expressão fundados na oralidade são:

- utilização de estruturas aditivas, que proporcionam fluxo narrativo;
- utilização de agregativos, tais como epítetos padronizados e expressões formulares;

- redundância, repetição do já dito, a fim de garantir recuperação do já narrado e uma linha de continuidade textual;
- interação com a audiência e sua época mediante construção de uma situação singular que conduza o público a reagir;
- referência ao cotidiano da vida humana;
- tom agonístico, que envolva as pessoas em combate verbal ou intelectual;
- identificação empática, comunal, entre narrador, audiência e personagem;
- vinculação com o presente;
- uso de conceitos dentro de quadros de referência situacionais.

Narrativas orais possuem uma sofisticação discursiva diferente daquela das narrativas de tradição escrita ocidental. A leitura da textualidade indígena envolve a percepção de como as tradições escritas e orais se inter-relacionam.

Para exemplificar o entrelaçamento dos fios dessas tradições narrativas, de diferentes linguagens e cosmovisões, comparo a tessitura da narrativa indígena à tessitura de um cobertor índio. Nele, muitos fios se cruzam para formar um produto. Os fios horizontalmente tecidos podem corresponder àqueles da tradição textual ocidental. Já os fios verticais podem estar relacionados aos elaborados pela tradição ancestral. A verticalidade, segundo Jean Chevalier e Alain Gheerbrant (1988, p. 946), remete à "tomada de consciência", passo importante para o índio em sua autoafirmação identitária.

Texto, textura e contexto

Além de considerar esses fios discursivos, outros elementos também estruturam a textualidade indígena e requerem atenção. Segundo Kroeber (1981, p. 3):

> De fato, as narrativas indígenas *necessitam* de atenção crítica sofisticada. Os críticos literários fariam bem se seguissem a exortação de um renomado folclorista que estuda a narração

de histórias indígenas, Alan Dundes. Dundes desejava que seus colegas folcloristas lidassem com materiais difíceis de forma corajosa e que se concentrassem em descobrir o que ele denominava "critérios internos" de três "níveis" em interação. Primeiro, segundo a terminologia de Dundes, há a *textura*, todos os elementos da forma verbal, até os morfemas e fonemas. O segundo nível, que ele denomina *texto*, relaciona-se a uma versão proveniente da narração de uma história. [...] O terceiro nível de Dundes é o *contexto*: "a situação social específica na qual um determinado item é realmente utilizado". (Tradução nossa)[8]

A sugestão de se estudar a produção indígena com base em *textura*, *texto* e *contexto* significa valorizar sua multimodalidade discursiva e os contextos de sua produção e recepção.

A *textura* da obra indígena pode estar vinculada aos elementos linguísticos utilizados para construí-la, ao(s) idioma(s) e às estruturas originadas na tradição oral. A textura pode vir a incluir não só palavras, mas desenhos e cores, baseados em valores e tradições culturais. Imagens suscitam leitura e interpretação nos textos da literatura ocidental também, mas nas textualidades indígenas comportam significados ligados a essas culturas. Embora imagens sejam consideradas muitas vezes complementares à escrita, pode ser a escrita alfabética também complemento do elemento pictórico.

O *contexto* envolve a localização sociopolítico-cultural do narrador/autor e do ouvinte/leitor. Inclui as cosmovisões tradicionais e ocidentais em sua interação, os contextos de produção e de recepção da textualidade indígena.

---

[8] *"In fact, Indian narratives need sophisticated critical attention. Literary critics would do well to follow the exhortation of a distinguished folklorist and student of Indian storytelling, Alan Dundes. Dundes wanted his fellow folklorists to tackle difficult materials courageously and to concentrate on discovering what he called 'internal criteria' of three interacting 'levels'. First, in Dundes's terminology, is* texture, *all features of verbal form, down to morphemes and phonemes. The second level he calls* text, *meaning one version of a single telling of a tale. [...] Dundes's third level is* context: *'the specific social situation in which the particular item is actually employed'."*

Quanto ao *texto*, refere-se à narrativa, à história contada. Esta é compreendida em sua totalidade pela leitura dos elementos que constituem sua textura e contexto. É o conjunto desses elementos que faz a obra e leva à construção de seus significados.

Em que língua o texto indígena é escrito?

Com relação ao idioma utilizado na produção textual indígena, pode ser determinado pelo propósito ou pelo público-alvo ao qual se destina. Os autores indígenas apresentam textos escritos nos idiomas de suas comunidades nativas e nos idiomas hegemônicos: em português, inglês, espanhol, por exemplo.

A expressão em língua nativa: 1) pode ser uma forma de assegurar visibilidade às comunidades indígenas: assim se desfaz a noção de unidade linguística nacional, que ainda hoje é defendida pelos centros de poder; 2) pode vir a legitimar autonomia identitária e política; 3) pode ser uma estratégia de resistência cultural, que assegure a ocupação de um espaço de afirmação cultural, linguística e de autodeterminação; 4) deve-se também à necessidade de manter uma ligação com a sabedoria ancestral pelo discurso; 5) pode corresponder a um recurso pedagógico que conduz ao aprendizado das línguas/cosmovisões nativas em escolas indígenas com material da própria comunidade; finalmente, 6) pode constituir recurso poético de criação e valorização da palavra ancestral, da sonoridade, do ritmo e da performance das comunidades nativas.

A escrita em línguas europeias: 1) pode constituir estratégia de comunicação e divulgação no espaço do poder; 2) pode indicar negociação com sistemas e culturas associados à colonização; 3) pode também significar a saída da produção indígena de uma situação de marginalidade.

Vale lembrar ainda que, para muitos autores indígenas, a língua de origem europeia é a língua materna. Nela construíram sua linhagem literária e, por seu intermédio, leem e escrevem o mundo, embora transitem por cosmovisões indígenas e europeias.

Muitos textos são bilíngues, demonstração do biculturalismo do discurso indígena.

Mesmo se escrita apenas em um determinado idioma, a produção literária indígena é construída a partir de multimodalidades discursivas. Elas conduzem a uma reflexão sobre as negociações realizadas entre os textos extraocidentais (elaborados pela tradição alfabética, oral e pictoglífica) e o cânone ocidental.

A heterogeneidade discursiva da produção textual indígena manifesta-se pela interação de idiomas e pela interação de multimodalidades. A palavra impressa, imagens, desenhos geométricos, elementos sonoros, musicais, performance, formam um conjunto a ser lido.

É literatura indígena, indianista ou indigenista?

O termo "indígena" requer esclarecimento. Ao buscar textos da literatura indígena, é muito comum o leitor encontrar textos que parecem pertencer à tradição literária indígena, mas estão vinculados às tradições europeias.

Muitas vezes, títulos de obras que utilizam a palavra "indígena" não são propriamente indígenas. Essas obras se voltam para temas que o imaginário ocidental associa ao universo indígena.

O termo *indianista* refere-se à produção literária brasileira, do período romântico, voltado para a construção de uma identidade nacional. Os autores das obras indianistas não são índios. Obras como *O Guarani* e *Iracema*, de José de Alencar, pertencem a essa categoria.

Os romances indianistas partem de matéria-prima local para constituir tempo, espaço e homem míticos, com o propósito de construir a gênese de uma nação em um momento de afirmação cultural. Um perfil heroico é traçado para o índio, o *bom selvagem*, que vive em comunhão com a natureza e até mesmo com o colonizador. Este é o caso de Peri, personagem de *O Guarani* (1857), de José de Alencar. Nessa obra, especificamente, apesar da ênfase a temas nacionais, o discurso mantém convenções sociais e valores que demonstram adesão à ideologia colonizadora europeia. Para Zilá Bernd (2003, p. 52),

> [...] a obra de Alencar se constitui com um alto grau de fidelidade à hegemonia discursiva que se impõe na Europa desde o século XVI com as narrativas de viagem dos descobridores. A tônica

destes textos era a descrição do lado exótico dos povos do "Novo Mundo", alicerçada muito mais na formulação de um ideal do que na descrição do real estado dos "selvagens" (já no século XIX, em acelerado processo de marginalização), para utilizar a denominação ritualizada em todas as narrativas de viagens do século XVI ao XVIII, presente inclusive na obra de Alencar.

O *olhar local* que Alencar pousa sobre o índio é um *olhar estrangeiro*. A identidade que constrói para o índio brasileiro fundamenta-se na ambiguidade. O selvagem é bravo, heroico e orgulhoso como um rei; por outro lado, é submisso e humilde como um súdito fiel. Alencar também formula a imagem do índio com base em mecanismos de negação e comparação a animais, recorrentes no período colonial.

A obra *indigenista* é produzida a partir de uma perspectiva ocidental e escrita ou traduzida pelo não índio. Para seu autor, o mundo indígena é o tema e o índio é informante, mas não agente da narrativa. A produção indigenista visa a informar não índios sobre um homem e um universo que lhe são alheios.

A obra *Lendas do índio brasileiro*, organizada por Alberto da Costa e Silva, exemplifica o texto indigenista. Apresenta 44 histórias colhidas da tradição oral de diferentes nações indígenas brasileiras. Em seu prefácio, Costa e Silva (2002, p. 7) declara:

> Este pequeno livro coloca ao alcance do leitor comum uma seleção da riquíssima literatura oral do índio brasileiro. Nele incluem-se os mais variados tipos de lendas e contos: aos mitos cosmogônicos sucedem-se as histórias de animais; e às narrativas que exprimem uma concepção heróica ou mágica da vida, os relatos alegres, brincalhões e escatológicos. Aqui estão dois textos clássicos, que figuravam quase que obrigatoriamente nas antologias escolares de minha infância e nas coletâneas de contos brasileiros que então se publicavam: aquele para mim sempre misterioso e denso de inevitabilidade "Como a noite apareceu" e a pungente "Lenda de Mani", ambos coligidos por Couto de Magalhães e publicados, em 1876, em *O selvagem*.

A obra de Costa e Silva pode ser considerada indigenista devido a aspectos anunciados já em seu prefácio. Seu público-alvo é o "leitor-comum", ou seja, o não índio que ignora os elementos que compõem a cosmovisão e a textualidade indígenas. Sua estrutura formal corresponde à composição de histórias segundo gêneros da narrativa ocidental. *Lendas do índio brasileiro* constitui obra indigenista por sua perspectiva e construção narrativa. Pelo título, percebe-se também que *do índio brasileiro* indica ser o índio a fonte de informação, mas não seu agente narrador. Para auxiliar a compreensão das histórias pelos não índios, cada narrativa é seguida de nota cuja finalidade é esclarecer o significado de vocábulos indígenas utilizados.

A produção *indígena* é, segundo José Carlos Mariátegui, aquela realizada pelos próprios índios conforme os meios e códigos que lhe são peculiares. Ao analisar o indigenismo andino, Polar (2000, p. 193-194) afirma:

> É óbvio que a produção indigenista se instala no cruzamento de duas culturas e de duas sociedades. Tácita mas muito sagazmente, no remoto ano de 1928, já o indicou José Carlos Mariátegui, ao distinguir com decisão os conceitos de "indígena" e "indigenista": aquele alude à produção intelectual e artística realizada pelos índios, conforme seus próprios meios e códigos, e este, à vasta criatividade que, com base em outras posições sociais e culturais, no lado "ocidental" das nações andinas, busca informar sobre o universo e o homem indígenas.

Como, então, definir a literatura nativa? A. Krupat (1989, p. 214) utiliza o termo *literatura aborígene*. Para o autor, essa literatura "[...] resulta da interação de modalidades literárias locais, internas, tradicionais, tribais ou 'indígenas' com as modalidades literárias dominantes de várias nações-estado nas quais pode surgir" (tradução nossa),[9] O conceito de literatura aborígene de Krupat envolve a integração de modalidades literárias tribais e ocidentais por parte de um autor identificado com a cultura tribal colonizada. As produções textuais indígenas transitam entre tradições, discursos, modos de produção e recepção no que tange a sua expressão estético-literária.

---

[9] *"Indigenous literature I propose as the term for that form of literature which results from the interaction of local, internal, traditional, tribal, or 'Indian' literary modes with the dominant literary modes of the various nation-states in which it may appear."*

Tanto as obras indígenas quanto as indigenistas são produzidas no imbricamento cultural; contudo, as textualidades indígenas têm no índio não só um referente, mas principalmente um agente. Ele escreve tanto para um público-alvo índio (para os parentes) quanto para os não índios.

Como ler e interpretar a literatura indígena?

Devido a essa heterogeneidade narrativa, surge o questionamento sobre como classificar a textualidade indígena. Não há *uma* textualidade narrativa indígena, mas *textualidades*. Elas são construídas segundo a diversidade cultural das nações indígenas, seus contextos e formas de utilização de multimodalidades discursivas.

Por sua complexidade, generalizações quanto aos tipos de textualidades indígenas da América são inadequadas. Como afirma Risério (1993, p. 37), "Cada cultura possui seus próprios modelos de criação textual".

As especificidades das textualidades indígenas e seus parâmetros próprios de leitura e análise precisam ser discutidos nas aulas de literatura. É importante que o aluno do Ensino Médio, que já possui um repertório de leituras literárias solicitadas pela escola, perceba que as obras literárias são construções culturais e que há formas de expressão literária diferentes daquelas comumente trabalhadas. Elas nem sempre correspondem aos critérios canônicos ocidentais e possuem valores estéticos próprios. Esses valores serão discutidos nos capítulos seguintes.

CAPÍTULO 2
MAS EXISTE LITERATURA INDÍGENA BRASILEIRA?

> *Parem de podar as minhas folhas e tirar a minha enxada*
> *Basta de afogar as minhas crenças e torar minha raiz*
> *Cessem de arrancar os meus pulmões e sufocar minha razão*
> *Chega de matar minhas cantigas e calar minha voz.*
> *Não se seca a raiz de quem tem sementes*
> *Espalhadas pela terra pra brotar.*
> (Eliane Potiguara, "Oração pela libertação dos povos indígenas", *Metade cara, metade máscara*)

Tratar de textualidades indígenas, ou ter a ousadia de utilizar a palavra "literatura" para descrever a produção de variadas nações indígenas brasileiras, causa estranheza para muitos ainda não libertos de visões de literariedade canônicas. Como Ailton Krenak (1999, p. 29) estabelece em seu texto "O eterno retorno do encontro",

> Quase não existe literatura indígena publicada no Brasil. Até parece que a única língua no Brasil é o português e aquela escrita que existe é a feita pelos brancos. É muito importante garantir o lugar da diversidade, e isso significa assegurar que mesmo uma pequena tribo ou uma pequena aldeia guarani, que está aqui, perto de vocês no Rio de Janeiro, na serra do Mar, tenha a mesma oportunidade de ocupar esses espaços culturais, fazendo exposição da sua arte, mostrando sua criação e pensamento, mesmo que essa arte, essa criação e esse pensamento não

coincidam com a sua idéia de obra de arte contemporânea, de obra de arte acabada, diante de sua visão estética, porque senão você vai achar bonito só o que você faz ou o que você enxerga.

Como o texto de Krenak sugere, a ocupação do espaço cultural pelo indígena é essencial, principalmente no que tange à questão da alteridade e devido ao que o autor menciona como a não coincidência de parâmetros quanto à definição de obra de arte contemporânea ou acabada. Krenak afirma que "quase não existe literatura indígena publicada no Brasil", mas o que existe merece ser lido e discutido, assim como as literaturas indígenas produzidas nos demais países da América. É assim que as lacunas deixadas pela narrativa ocidental serão preenchidas e enriquecidas.

A literatura indígena brasileira cresceu muito em sua produção de 1999 (ano da publicação do texto de Krenak) até hoje. O número de autores indígenas que publicam literatura infantojuvenil é grande e muitos são estimulados a publicar por meio de concursos e apoio de instituições governamentais e particulares. Olívio Jekupé, na obra *Literatura escrita pelos povos indígenas* (2009, p. 19), escreve:

> É interessante que em algumas regiões do Brasil, em escolas ou bibliotecas, tem livros de literatura indígena. O mais importante é que foram escritos por indígenas e de várias nações; era raro ver isso acontecer há uns 15 anos. Por isso acredito que o povo aos poucos conhecerá nossos escritores indígenas que já têm seus livros publicados e aos poucos surgirão outros. E quando você encontrar um livro de um índio, não se assuste, porque muitos acham engraçado ver um escritor índio. Mas por que não ter índios escritores se também temos capacidade para isso?

Por que os brasileiros desconhecem a literatura indígena?

A literatura indígena ainda não é estudada como merece na maioria das escolas brasileiras. Vários fatores contribuem para o desconhecimento e a dificuldade de se encontrar obras da literatura indígena brasileira nos espaços do saber – bibliotecas, livrarias, escolas, academia.

Embora haja produção de obras indígenas no Brasil, sua publicação e circulação é ainda reduzida se comparada às publicações de autores indígenas norte-americanos nas últimas décadas.

Mesmo havendo a publicação de contos, poemas, crônicas, textos de diversos gêneros, poucos são os leitores que os leem como obras literárias. Em geral, os que o fazem limitam-se a enxergar neles quase que só uma dimensão "exótica" que torna a identidade indígena do autor um mero objeto de curiosidade.

Por sua vez, leitores especializados em literatura preocupam-se em ampliar seu repertório de conhecimento de obras canônicas, incluídas em antologias ou consideradas leitura obrigatória para referência em qualquer círculo de discussão acadêmica ou nas escolas dos ensinos Fundamental e Médio. Essa postura denota, por um lado, o desconhecimento de professores dos autores indígenas; por outro, sinaliza a insegurança quanto aos critérios para valorizar, apreender e divulgar as obras indígenas, ausentes de muitos programas de ensino e exames.

Bibliotecários e livreiros também têm dificuldade em classificar as obras indígenas, por não compreenderem sua composição multimodal. Tanto é assim que nos deparamos com muitos textos indígenas voltados para o público infantojuvenil, mas há também outros distribuídos em prateleiras de literatura infantojuvenil que são escritos para um público maduro. É importante lembrar: os textos indígenas brasileiros são elaborados a partir de multimodalidades discursivas e apresentam imagens quase sempre lidas como ilustrações ou simples ornamentos; por suas imagens, eles são classificados como obras do universo infantojuvenil, sinal dos prejulgamentos e estereótipos literários e editoriais.

Em que pese tantos obstáculos, este livro é um forte sintoma das mudanças que hoje começam a pautar o debate e as prioridades do ensino em diferentes áreas do conhecimento.

Quem é o índio brasileiro?

As etnias indígenas brasileiras, unidas pelo termo "índios", continuam sendo vistas pela maior parte da população branca urbana como *primitivas* e ágrafas. Batizados pelos brancos, os índios brasileiros têm sua denominação étnica configurada pela norma culta da Convenção para a Grafia dos Nomes Tribais, estabelecida pela ABA (Associação Brasileira de Antropologia) em 1953.

Além dos equívocos envolvendo as denominações das nações indígenas já mencionados, embora os nomes dados às etnias indígenas possam designar "nações", o uso dessa palavra parece não ser do agrado de governos, que acreditam que tal termo se aplica somente a nações soberanas; essa atitude demonstra, segundo Sílvio Coelho dos Santos (2004, p. 100), "um certo temor relativo a um possível pleito futuro de independência dessas nações indígenas".

O índio brasileiro faz parte do imaginário, ainda hoje elaborado com base em uma série de estereótipos, em função da construção identitária do índio no contato com o europeu desde o período colonial.

Para se compreender a escritura indígena brasileira, é importante que se conheça o que o outro escreveu sobre ele. Isso é necessário, principalmente, porque são esses textos que ainda hoje pautam o imaginário ocidental e interferem na leitura do índio e de sua produção cultural.

Os índios do Brasil colonial

Como apontado no primeiro capítulo, também na América portuguesa, o índio nasce para o mundo ocidental com as narrativas do descobrimento. No período colonial brasileiro, viajantes e cronistas produzem e divulgam textos que apresentam os grupos indígenas brasileiros à Europa, tais como: a *Carta a el Rey Dom Manuel* (datada de 1º de maio de 1500), de Pero Vaz de Caminha; o *Tratado da Província do Brasil* (redigido entre o final da década de 1560 e o início de 1570), de Pêro de Magalhães de Gândavo; e *Histoire d'un voyage fait en la terre du Brésil, autrement dite Amérique* (1578), de Jean de Léry.

A legitimação da posse da Terra de Vera Cruz pelos portugueses – representada pela chegada das naus comandadas por Pedro Álvares Cabral, pela realização de uma missa e pelo testemunho e registro escrito desses fatos pelo escrivão da frota – visa a transformar um *lugar* em um *espaço*. Por essas estratégias, esse espaço passa a ser controlado por uma potência europeia, que supera, assim, a concorrência das demais nações colonizadoras.

Caminha, por exemplo, assinala em sua *Carta* a afirmação do expansionismo português. Como escreve Guillermo Giucci (2003, p. 50) "A denominação de Ilha de Vera Cruz institui uma nova geografia; [e] a elevação da cruz indica a legitimidade do Império".

O índio descrito pela *Carta* de Caminha

Ao registrar o contato oficial entre portugueses e nativos, Caminha oferece ao seu interlocutor, o rei D. Manuel, informações acerca do que a terra e seus habitantes podem oferecer. Seu texto não é puramente informativo; a palavra é ferramenta política e não só informa, mas também exprime e convence.

Caminha (1999, p. 19) registra a primeira visão que os portugueses têm dos brasis:

> E dali tivemos a visão de homens que andavam pela praia, cerca de sete ou oito, segundo os navios pequenos disseram, por chegarem primeiro.
>
> Ali lançamos os batéis e esquifes ao mar; e vieram logo todos os capitães das naus a esta nau do Capitão-mor, onde conversaram. E o Capitão mandou no batel em terra a Nicolau Coelho para ver aquele rio. E logo que ele começou a ir para lá, acudiram pela praia homens, quando dois, quando três, de maneira que, chegando o batel à beira do rio, eram ali dezoito ou vinte homens pardos, todos nus, sem nenhuma coisa que lhes cobrisse suas vergonhas. Traziam arcos nas mãos, e suas setas.
>
> Vinham todos rijos para o batel; e Nicolau Coelho lhes fez sinal que pousassem os arcos. E eles os pousaram.

A construção discursiva sobre os índios parte da distinção entre o nu e o vestido. A nudez indígena é vista de forma ambígua: como carência e como inocência. Se, por um lado, a falta de vestimentas aproxima o índio de uma condição animalesca, por outro, remete à condição edênica do primeiro homem, sem noção de pecado ou sem carregar culpa.

Nessa descrição, torna-se evidente a caracterização dos índios como pacíficos ou cordiais, já que depõem as armas. Há uma abertura para o outro, por parte do nativo, que, por vezes, conduz à leitura de que este não oferece resistência à chegada do europeu a sua terra.

O encontro seguinte demonstra ainda menos resistência do índio. Por ordem do capitão, o piloto Afonso Lopes leva dois nativos para serem recebidos na nau capitânia:

> [...] e tomou em uma canoa dois daqueles homens da terra, mancebos e de bons corpos. E um deles trazia um arco e seis ou sete setas; e na praia andavam muitos com seus arcos e setas, e deles não fizeram uso. Trouxe-os logo, já de noite, ao Capitão, onde foram recebidos com muito prazer e festa.
>
> A feição deles é serem pardos, quase avermelhados, de bons rostos e bons narizes, bem feitos. Andam nus, sem nenhuma cobertura. Nem estimam nenhuma coisa cobrir nem mostrar suas vergonhas; e estão em relação a isto com tanta inocência como têm de mostrar o rosto. [...]
>
> O Capitão, quando eles vieram, estava assentado em uma cadeira, uma alcatifa aos pés como estrado, e bem vestido, com um colar de ouro mui grande ao pescoço. [...]
>
> Acenderam-se todas as tochas; entraram e não fizeram nenhuma menção de cortesia, nem de falar ao Capitão nem a ninguém (CAMINHA, 1999, p. 25-29).

Nessa descrição, há uma inversão dos papéis de anfitrião e hóspede na América. O nativo já havia, a sua maneira, acolhido o europeu em sua chegada ao Novo Mundo; por sua vez, ao receber o nativo em sua nau, o europeu se coloca no papel de anfitrião. Isso pode ser lido como uma representação do poder imperial e um reposicionamento do nativo, que passa a ser visto como súdito da Coroa portuguesa.

Os papéis de dominador e dominado são assim encenados na recepção do índio pelo capitão português. A ênfase na diferença entre nu e vestido pode vir a reforçar os papéis exercidos, daquele momento em diante, por conquistados e conquistadores.

Apesar da cena de recepção sugerir uma aproximação com o outro, o que surge é a distância cultural na qual os atores se colocam. O deslocamento do índio da terra (onde domina) para o mar (onde é dominado) traduz para o colonizador sua subordinação àquele que demonstra, segundo um quadro de referência europeu, superioridade cultural e poder bélico.

A cena da recepção, com a realização da primeira missa, teatraliza a imposição de uma nova ordem que se estabelece na América, comandada pelo colonizador europeu.

A imagem d'*A primeira missa no Brasil*, de Victor Meirelles (1860) mostra a força do imaginário criado pelo texto de Caminha, de 1500.

FIGURA 1. Imagem d'*A primeira missa do Brasil* (1860). Museu Nacional de Belas Artes do Rio de Janeiro.

A solenidade de uma missa, realizada aos pés de uma cruz erguida por europeus e índios, confere mais uma vez legitimidade à posse da terra e oportunidade para levar a fé católica aos gentios. Caminha (1999, p. 85-89) assim descreve a primeira missa no Brasil:

> Ali estiveram conosco assistindo a ela cerca de cinqüenta ou sessenta deles, assentados todos sobre os joelhos, assim como nós.

E quando veio o Evangelho, que nos erguemos todos, em pé, com as mãos levantadas, eles se levantaram conosco e alçaram as mãos, ficando assim até ter acabado; e então tornaram-se a assentar como nós.

E quando levantaram a Deus, que nos pusemos de joelhos, eles se puseram assim todos, como nós estávamos, com as mãos levantadas, e de tal maneira sossegados, que, certifico a Vossa Alteza, nos fez muita devoção. [...]

Alguns deles, por o sol ser grande, quando estávamos comungando, levantaram-se, e outros permaneceram e ficaram. Um deles, homem de cinqüenta ou cinqüenta e cinco anos, ficou ali com aqueles que ficaram. Esse, estando nós assim, reunia estes, que ali ficaram, e ainda chamava outros. E andando assim entre eles falando, lhes acenou com o dedo para o altar e depois mostrou o dedo para o céu, como se lhes dissesse alguma coisa de bom; e nós assim entendemos. [...]

Alguns vinham e outros iam-se. E acabada a pregação, como Nicolau Coelho trouxesse muitas cruzes de estanho com crucifixos, que lhe ficaram ainda de outra vinda, houveram por bem que se lançasse uma ao pescoço de cada um. Pelo que o padre frei Henrique se assentou ao pé da cruz e ali, a um por um, lançava a sua, atada em um fio no pescoço, fazendo-lhes primeiro beijá-las e depois, levantar as mãos. Vinham para isso muitos; e lançaram-se todas, que seriam cerca de quarenta ou cinqüenta.

Como segundo ato da encenação de posse e submissão do nativo, os europeus ajoelham-se diante da cruz. Eles são imitados pelos nativos em todos os gestos de respeito e louvor a Deus descritos por Caminha.

Na cena de recepção, o capitão ocupa posição de destaque e representa o poder da Coroa, já, na cena da primeira missa, a cruz e o padre representam o poder da Igreja, o que se percebe na cena criada por Victor Meirelles.

A reverência a esses dois poderes, na ordem em que acontece, demonstra a maneira como a subordinação do nativo é vista pelo colonizador. Ao traduzir o gesto do índio de apontar para o céu como bom sinal, o europeu interpreta o gestual indígena. Ele entende esse sinal como favorável à cristianização e à submissão colonial. Tal submissão é simbolicamente confirmada pelo lançar de cruzes ao pescoço de cada índio e pelo beijo dado no momento em que são recebidas.

Além disso, Caminha atenta novamente para o caráter edênico da gente desta terra recém-descoberta. Essa condição é propícia ao ensino que conduz à salvação, o que é simbolicamente manifestado na cena da missa.

O índio sem lei, sem fé e sem rei

As representações do nativo construídas pela *Carta* de Caminha fornecem elementos que definem a "primeira carteira de identidade do índio brasileiro". No caso de Caminha, seu propósito ao escrever a *Carta* é lavrar a escritura que dá a posse da Terra de Vera Cruz a Portugal.

Já Pêro de Magalhães de Gândavo visa a apresentar a terra do Brasil como casa para atrair colonos. Apesar de escreverem para comunidades interpretativas um pouco distantes temporalmente (início e metade do século XVI, respectivamente) e terem objetivos diferentes, Caminha e Gândavo se aproximam como cronistas por estarem a serviço de um império em expansão.

Enquanto outros autores coloniais, como Staden e Thevet, escrevem relatos de viagem pelo mundo novo, Gândavo elabora o *Tratado da Província do Brasil*, redigido entre o final da década de 1560 e o início de 1570, e a *História da Província de Santa Cruz a que vulgarmente chamamos Brasil*, publicada em 1576.

O texto de Gândavo parece apresentar ao leitor fatos com base em experiências de vida no Brasil, relatos recebidos e leituras. No entanto, como indica Michel de Certeau (2002, p. 217), "a escrita faz a história", ou seja, fatos e verdades constituem interpretações; por mais que o autor de um texto afirme registrar apenas o que seus olhos testemunham, o que surge como registro é uma interpretação dos eventos.

Gândavo interpreta e traduz o que vê, ouve e experimenta. Seu texto sinaliza uma preocupação com a utilidade daquilo que é visto; o discurso visa a fazer propaganda da terra para que esta seja ocupada, explorada segundo interesses dos conquistadores.

Vale registrar: os papéis de cordialidade e animosidade parecem ter coexistido na representação do índio desde seus primeiros registros pelo europeu e não são característicos apenas do texto de Caminha e de Gândavo.

Nota-se que o *anfitrião*, transformado em *hóspede* na narrativa de Caminha, assume uma caracterização de *inimigo* no discurso de Gândavo.

O discurso de Caminha sugere o acolhimento de um hóspede que parece ser manso. Ele não impede, no momento da chegada da frota de Cabral ao Brasil, a aproximação do europeu ou sua inspeção do local que Portugal está incorporando ao seu império.

Por outro lado, o momento da produção do texto de Gândavo é o do assentamento do colono na terra do Brasil. Existe confronto com o nativo, que interfere no avanço da colonização. Quando o narrador parece ser emissário de um desejo de dominação colonial, traduz o índio como ameaça a ser erradicada.

De fato, a belicosidade dos índios nunca foi obstáculo para os colonizadores. Eles iam "empurrando" os nativos para o interior e, no momento que lhes interessava, eles os massacravam ou criavam missões "pacificadoras".

Gândavo permaneceu no Brasil por cerca de seis anos e foi nomeado provedor-mor quando da designação de Mem de Sá como administrador da colônia. Este, por sua vez, foi responsável pela realização de atividades de *pacificação* dos Caeté na Bahia e também em outras capitanias. Segundo relato do próprio governador no texto "Instrumentos dos serviços de Mem de Sá", de 1570 (*apud* RIBEIRO; MOREIRA NETO, 1992, p. 29):

> [...] entrei nos Ilhéus fui a pé dar em uma aldeia que estava sete léguas da vila [...] dei na aldeia e a destruí e matei todos os que quiseram resistir, e a vinda vim queimando e destruindo todas as aldeias que ficaram atrás e, por se o gentio ajuntar e me vir seguindo ao longo da praia, lhe fiz algumas ciladas onde os cerquei e lhes foi forçado deitarem-se a nado ao mar costa brava / mandei outros índios atrás deles e gente solta, que os seguiram perto de duas léguas e lá no mar pelejaram de maneira

que nenhum Topeniquim (Tupiniquim) ficou vivo, e todos os trouxeram a terra e os puseram ao longo da praia, por ordem que tomavam os corpos perto de uma légua [...].

O texto de Mem de Sá aponta a carnificina dos povos indígenas realizada na segunda metade do século XVI. Gândavo também descreve, embora com menos detalhes, a destruição dos povos indígenas hostis pelos portugueses:

> Auia muitos destes indios pella côsta junto das capitanias tudo enfim estaua cheo delles quando começarão os Portugeses a pouoala terra: mas porque os mesmos indios se leuantarão côtra elles, & faziam lhes muitas treições, os gouernadores e capitães da terra destruirão nos pouco a pouco e matarão m[ui]tos delles. Outros fogirão pera o sertão & assy ficou a côsta despouoada de gentio ao longo das capitanias (GÂNDAVO, 1965, p. 179-181).

Pelo momento histórico no qual o texto de Gândavo é produzido, este parece fornecer razões para a realização das chamadas guerras justas com base na necessidade do povoamento da terra pelo europeu, nos levantes indígenas e nas traições sofridas pelos portugueses. Seu discurso informa um público possivelmente não culto sobre o que os colonos enfrentam no Novo Mundo. Quer demonstrar que, apesar de ainda haver grupos hostis, estes estão sendo eliminados e a costa do Brasil está pronta para que assentamentos sejam estabelecidos.

Após construir a imagem do índio afetiva e ideologicamente, Gândavo utiliza-se de uma observação sobre a língua do gentio para reforçar a imagem negativa, as carências dos índios:

> A lingoa deste gentio toda pella costa he hua, careçe de tres letras – S – não se acha nella F, ñe L, ñe R, cousa digna despanto por q assy não tem fé ñe lei, nem Rei, & assy desta maneira viue sem justiça e desordonadamente. Esses indios andão nûs sem cobertura algua assy machos como femeas não cobre parte nenhua de seu corpo & trazem descuberto quanto a natureza lhes deu. [...]
>
> Não ha (como digo) antrelles nenhum Rei ñe Justiça, sômente em cada aldea tem hu principal q he como capitão ao qual obedeçe por vontade e não por força [...] Não adorão em cousa

algua ñe tem pera sy que ha na outra vida gloria pera os bõs e pena pera os maos tudo cuidão que se acaba nesta e que as almas feneçe com os corpos, e assy viue bestialmete sem ter conta ñe pezo nem medida (GÂNDAVO, 1965, p. 181-187).

Ao fazer sua leitura das ausências de fé, lei e rei no universo indígena, o narrador colonial parte de parâmetros familiares para enquadrar o novo objeto de seu estudo no sistema conhecido. Assim, a língua nativa é avaliada segundo os fonemas e o alfabeto de uma língua indo-europeia. Para o cronista, a falta desses fonemas significa a ausência, na cultura nativa, das instituições que sustentam a sociedade colonial portuguesa. Segundo Bethania Mariani (2004, p. 25-26)

> [...] desde *Carta* de Pero Vaz de Caminha e as primeiras descrições feitas por Anchieta, Gândavo, Fernão Cardim e Ambrósio Brandão, entre outros, constata-se e comprova-se lingüisticamente um sentido para a falta que já se presumia encontrar: o F, o R e o L inexistem na língua indígena e materializam a ausência de um poder religioso, de um poder real central e de uma administração jurídica. [...]
>
> Na ótica do colonizador português, essas três instituições nucleares do aparelho do estado – religião, realeza e direito – simbolizam um estágio avançado de civilização que têm como base uma única língua nacional gramatizada e escrita. Desse ponto de vista, a língua portuguesa é também uma instituição que faz parte do funcionamento social geral da nação, ao mesmo tempo em que dá legitimação escrita às outras instituições do reino. Os habitantes da terra brasílica e suas línguas, portanto, não são civilizados porque a eles se atribui a falta do que os portugueses possuem e vêem como essencial à civilização. Legitimam-se em uma teoria lingüística uma teoria religiosa e uma outra de natureza político-jurídica, ambas servindo como justificativa para a expansão das terras da metrópole.

Por tudo isso, a condução da vida indígena é vista como desprovida do que há de essencial para a manutenção do poder e da ordem na sociedade europeia: regras de conduta. O colonizador vê a comunidade indígena como desprovida de normas fundamentais para a convivência em sociedade.

Dessa forma, o colonizador se outorga o direito, ou até mesmo o dever, de ser *criador* das regras a serem seguidas pelo índio, que assume o papel de *criatura* no mundo das regras do europeu. Pela elaboração de uma carência linguística vinculada às carências religiosa e político-jurídica do mundo indígena, o narrador desqualifica o sistema organizacional da vida do nativo.

Valor e antivalor na descrição do índio por Léry

Gândavo menciona dois aspectos positivos na sua descrição do índio, a saber, a generosidade e a valentia. Porém, o capítulo 7 de seu *Tratado* deixa entrever uma política do olhar a serviço do império, com o intuito de desqualificar o nativo.

Não há aí uma reflexão crítica acerca da colonização ou da interpretação do outro. Mas isso ocorre na obra de Jean de Léry, intitulada *Histoire d'un voyage fait en la terre du Brésil, autrement dit Amérique* (*Viagem à terra do Brasil*), editada pela primeira vez em 1578. Na época de sua publicação, essa obra foi lida como narrativa de aventuras.

O texto de Léry apresenta uma etnografia do outro, fruto de observação e registro dos costumes dos Tupinambá e da língua tupi. O autor não deixa de fazer referência constante ao índio como *selvagem*, designação depreciativa que se torna lugar-comum no período colonial. Sua condição de missionário circunscreve a visão da religiosidade indígena segundo critérios da cristandade. Ou seja, delimita os parâmetros que estabelecem a relação do homem com o divino. Assim, Léry (1980, p. 205-207) utiliza também os mecanismos da negação e da comparação a animais para representar a falta de fé cristã dos Tupinambá, como observa-se no seguinte texto:

> [...] os nossos tupinambás [...] além de não ter conhecimento algum do verdadeiro Deus, não adoram quaisquer divindades terrestres ou celestes, como os antigos pagãos, nem como os idólatras de hoje, tais os índios do Peru, que, a 500 léguas do Brasil, veneram o sol e a lua. Não têm nenhum ritual nem lugar determinado de reunião para a prática de serviços religiosos, nem oram em público ou em particular. Ignorantes da criação

> do mundo não distinguem os dias por nomes específicos, nem contam semanas, meses e anos, apenas calculando ou assinalando o tempo por lunações. Não só desconhecem a escrita sagrada ou profana, mas ainda, o que é pior, ignoram quaisquer caracteres capazes de designarem o que quer que seja.
>
> [...]
>
> E quando ribombava o trovão e nos valíamos da oportunidade para afirmar-lhes que era Deus quem assim fazia tremer o céu e a terra a fim de mostrar sua grandeza e seu poder, logo respondiam que se precisava intimidar-nos não valia nada. Eis o deplorável estado em que vive essa mísera gente.

Léry fala em "nossos tupinambás". Isso significa que o Novo Mundo, em processo de conquista, é alvo de disputa entre povos europeus, que não formavam um todo homogêneo.

Segundo o texto de Léry, ao selvagem falta conhecimento das Escrituras, saber tão caro aos reformistas. Falta-lhe ainda demonstração de fé a Deus pública ou particular, o que sinaliza, para o missionário, a situação precária da vida espiritual do índio.

Para o cronista, o selvagem ignora a criação do mundo, as marcações ocidentais da passagem do tempo e não possui forma alguma de escrita. O cronista compara a escrita à palavra e destaca a força da primeira como instrumento de comunicação e de troca de saberes científicos e confidências. Neste sentido, Léry (1980, p. 206) estabelece que a escrita produz uma cisão entre europeus e índios, *nós* e *eles*, considerando-se que "os conhecimentos de ciência que aprendemos pelos livros e que eles ignoram, devem ser tidos como dons singulares que Deus nos concedeu".

Apesar de sua posição eurocêntrica, Léry diferencia-se de Gândavo por relativizar outros aspectos da vida indígena; entre eles, a antropofagia, tão execrada por outros narradores europeus.

Embora não deixe de considerar o canibalismo uma barbárie, Léry afirma não ser o costume indígena a única forma de sua manifestação. Para o missionário, metaforicamente, os usurários europeus de seu tempo são vistos como canibais a consumir lentamente os já destituídos de posses.

Nessa medida, pode-se dizer que o cronista registra e critica o canibalismo de seus compatriotas em sua própria terra; faz não só uma hermenêutica do outro, o selvagem do Novo Mundo, mas também do *mesmo*, o selvagem europeu. Essa visão de Léry sobre o canibalismo remete à visão de Montaigne sobre a barbárie, tratada no capítulo 1 deste livro.

Lery valoriza o índio por seus atributos físicos e por ser grande discursador (apesar de não utilizar a escrita); no entanto, ele o representa como antivalor por sua ignorância de Deus, de conhecimentos científicos e do registro escrito. Por sua vez, o europeu é valorizado por possuir os elementos que faltam ao índio; mas Lery o aproxima do antivalor por sua selvageria na guerra e na usura e por sua intolerância.

Caminha, Gândavo e Léry imprimem no imaginário ocidental uma série de construções que marcam, por séculos, a caracterização do índio. Como narradores colonialistas, eles escrevem sobre o outro a partir de uma posição eurocêntrica; na maior parte das vezes, seu posicionamento ideológico desqualifica a sociedade nativa diante da europeia.

O índio é traduzido pelo discurso colonial como hóspede em sua própria terra; cordial quando submisso; hostil quando rebelde; esquivo e inconstante; carente de lei, rei e fé; inocente, mas cruel.

Para os objetivos deste livro, vale enfatizar: essas construções feitas sobre o índio devem ser conhecidas para que se compreenda como a escritura indígena brasileira se coloca diante dos estereótipos formados ao longo de séculos. Concretamente, a literatura indígena brasileira contemporânea retoma muitos desses estereótipos para desconstruí-los. Muitos desses pontos serão retomados no capítulo 4, na discussão da revisão da História pelo índio.

A escritura indígena brasileira: construção poética e afirmação política

A escrita desenvolvida por escritores indígenas brasileiros contemporâneos propõe uma revisão da história oficial do Brasil e dos estereótipos construídos pelos colonizadores.

A literatura indígena brasileira traz perspectivas de comunidades consideradas periféricas frente à cultura hegemônica nacional. Para Olívio Jekupé (2009, p. 11)

> [...] faz tantos séculos que o Brasil foi dominado pelos jurua kuery, não Índios em guarani, e desde aquela época tudo o que se fala sobre nossos parentes é escrito por eles. Eu não via isso como algo interessante, porque nós temos que contar nossas histórias para nossos filhos e se tiver que ser escrita, por que não pelo próprio índio?

Os textos indígenas brasileiros demonstram, portanto, vontade de afirmação cultural e identitária.

Em seus textos, autores indígenas: 1) recorrem a multimodalidades discursivas; 2) transitam por tradições tribais e ocidentais; 3) produzem obras destinadas às suas próprias comunidades tribais, às comunidades de parentes (outras etnias) e ao leitor não índio.

Apesar dos desafios e dos estereótipos mencionados, a produção textual indígena brasileira floresceu na última década do século XX. Essa produção entra o século XXI como movimento literário e também político, de afirmação de identidade e cidadania. Segundo Almeida e Queiroz (2004, p. 195)

> Os escritores indígenas estão descobrindo o Brasil. Se os viajantes europeus dos séculos XVI e XVI descreviam o território, a fauna e a flora, os rios e as gentes aqui encontrados, para com isso apresentar ao público o novo mundo, agora os nativos estão revertendo a história. Cerca de quarenta povos indígenas do Brasil já publicaram seus textos em livros e "cartilhas" que, quase sempre, se dirigem disfarçadamente aos brancos para redesenhar o seu terra à vista.

Muitos dos textos indígenas contemporâneos se dirigem, sem disfarces, aos não índios. Há autores que, inclusive, fazem questão de afirmar que seus textos são orientados para a educação dos não índios. São textos que trazem a história de suas etnias, versam sobre a arte de criar e narrar histórias. São, em suma, uma contribuição para a cultura literária brasileira.

Almeida e Queiroz (2004, p. 246) afirmam que

> É a partir dos anos de 1970, [...] que a perspectiva da diferenciação começará a se fazer sentir no âmbito da literatura propriamente dita, como se uma lente fosse aos poucos aproximando os olhos do objeto focado. Cada vez mais, escritores e editores passam a deixar que os próprios índios se manifestem nos textos escritos.

Como veremos a seguir, há casos em que a mediação da voz indígena se faz pela negociação com os centros de poder (de escritura e de publicação) hegemônicos. Este é o caso, por exemplo, do livro *Antes o mundo não existia: mitologia heróica dos índios Desâna*, editado em 1980 pela Livraria Cultura Editora de São Paulo.

Marco da literatura indígena brasileira, o livro consta como uma publicação de dois índios Desâna, Umúsin Panlõn Kumu, e seu filho, Tolamãn Kenhíri. Sabe-se, no entanto, que as narrativas aí contidas são transcrições da linguagem oral para a escrita, feitas pela antropóloga Berta Ribeiro.

Outra obra importante e que também conduz à problematização do conceito de autoria literária intitula-se *Mantere ma kwe tinhin: histórias de maloca antigamente*. Na capa, aparece o nome de Pichuvy Cinta-Larga, narrador oral considerado autor da obra. Na realidade, Ivete L. Camargos Walty, Leda Lima Leonel e Ana Leonel Queiroz são as tradutoras do texto oral para o sistema gráfico ocidental. Segundo elas,

> Enquanto mediadoras destes textos somos conscientes de nossas contradições, mas queremos que outros possam também "ouvir" Pichuvy e "escutar" seus conselhos, isto é, participar das experiências de seu povo, refletindo sobre elas. Pichuvy não pode escrever; nós, atrevidamente, gravamos sua fala e a transcrevemos. [...]
>
> É importante lembrar que procuramos manter a oralidade da narrativa, o registro lingüístico utilizado pelo narrador, que reflete a estrutura de sua língua nativa, tentando apenas tornar mais claras as passagens que se mostravam obscuras para o leitor. [...] As histórias, retiradas de seu espaço e de seu tempo, perdem características essenciais, por isso é que, algumas vezes,

interferimos no texto. Juntamos nossos nomes ao de Pichuvy e aos de outros Cinta Larga, mas o fizemos para que nossa voz se junte à deles para engrossar o coro de resistência: há outras formas sociais, há outras culturas, há outros povos (ALMEIDA; QUEIROZ, 2004, p. 247).

As mediadoras do texto de Pichuvy e de outros Cinta Larga demonstram refletir sobre o significado que publicações provenientes de comunidades indígenas adquirem. Os textos conferem visibilidade a essas etnias e às suas práticas discursivas e sinalizam resistência. Como essas mediadoras, outros autores não índios também têm se preocupado em registrar textos indígenas sob forma de parceria com os narradores indígenas.

Vertentes da literatura indígena brasileira

Com base nos estudos realizados por Lynn Mario T. Menezes Souza (2003), a escrita indígena brasileira pode ser classificada, por sua autoria e finalidade, em três vertentes:

1) obras escritas por autores bilíngues indígenas para escolas indígenas;
2) obras tuteladas por intermediadores;
3) obras produzidas por escritores que vêm de comunidades tribais, mas que estão localizados em centros de produção cultural não indígena e dirigem seus textos ao não índio.

Na *primeira vertente*, a escrita indígena situa-se em um entrelugar de produção e recepção literária. Essa escrita visa a um leitor indígena local, da comunidade na qual o texto é produzido, mas pode transitar para outras comunidades indígenas, numa troca de saberes e valores ancestrais.

É produção marginal e também canônica. Sua estética não recebe ainda a mesma consideração que a estética de obras ocidentais. Nasce e circula, porém, pelo espaço de formação, a escola; este é um dos lugares onde pode ser realizada a revisão do cânone literário. Souza (2003, p. 134) afirma que

> [...] essa escrita embora já prolífica e de grande abrangência, ainda não mereceu o interesse das academias e instituições literárias nacionais que, quando muito, a vêem como uma espécie de literatura popular ou de massas, sem grande valor literário (quando alguns desses livros encontram o caminho para o mercado externo das livrarias nos grandes centros urbanos do país, não é incomum encontrá-los na seção de Literatura Infantil); e finalmente canônica porque trata-se de uma escrita que já nasce no bojo da instituição escolar, com seus mecanismos de inclusão e exclusão curriculares que em várias culturas formam a base para a construção, destruição ou transformação dos cânones literários.

Ressalto a importância da escrita do professor indígena nesse processo de inserção do índio como produtor de conhecimento e como promotor de letramento, de novas gerações de herdeiros de culturas indígenas ancestrais e de não índios. Almeida e Queiroz (2004, p. 196) apontavam que em 2004 havia cerca de 3.200 professores índios e mais de 1.500 escolas indígenas diferenciadas. Segundo o *site* <http://www.direitosdacrianca.org.br/empauta/2011/04/professorindigenaobserva-avancos-na-educacao>, relativo ao ano de 2011, há 12 mil professores indígenas no Brasil; destes, 5 mil já têm curso superior ou fazem cursos de graduação, o que indica um crescimento significativo. Quanto ao número de escolas, hoje são 2.836 unidades de ensino, com 200 mil estudantes da educação básica, embora as condições das escolas nem sempre sejam adequadas, nem existam como espaço escolar com toda a infraestrutura que tal espaço merece.

Um exemplo da literatura construída por professores indígenas é o livro *Shenipabu Miyui: história dos antigos* (2000), da Editora UFMG. Essa obra foi organizada por professores indígenas do Acre. Na abertura do livro, o professor Joaquim Mana Kaxinawá escreve:

> Os povos indígenas hoje estamos começando a sonhar do fundo dos 500 anos que passamos mergulhados no túnel do tempo. Durante este longo túnel, foram exterminadas muitas culturas e as línguas indígenas que hoje são faladas em número de 180. Mas sabemos

> que existem muitas ainda pelas fronteiras dos rios. O que quero dizer é que os 500 anos para nós começaram ontem. Só agora nos últimos anos é que estamos com os direitos de ter uma comunicação através da escrita na nossa própria língua. [...] Mas o túnel do futuro mostra que somos capazes de realizar os sonhos que sempre tivemos como povos diferentes, valorizados dentro de nós mesmos e espiritualmente (PROFESSORES INDÍGENAS DO ACRE, 2000, p. 5).

A obra dos professores indígenas do Acre traz, inicialmente, um texto sobre os Kaxinawá. Esse povo indígena se autodenomina Huni Kuĩ, ou "gente verdadeira". Pelo texto (2000, p. 9), sabe-se que a obra "*Shenipabu Miyui, ou História dos Antigos*, é o resultado de uma pioneira pesquisa realizada durante seis anos por um grupo de professores Kaxinawá [...]". Essa pesquisa envolveu gravar um grande número de histórias da tradição oral, canções e festas tradicionais dos Huni Kuĩ, colhidas em aldeias localizadas no Peru. As fitas gravadas foram transcritas pelo professor bilíngue Armando Purixo para a língua Hãtxa Kuĩ escrita. Após a transcrição, os manuscritos foram lidos, adaptados e ilustrados pelos professores Kaxinawá. Para também ser lido por não índios, o texto é bilíngue; para o texto em português, novamente foram gravadas versões das histórias nesse idioma, posteriormente transcritas e revisadas. Percebe-se, por todo esse processo, a complexidade de construção dessa obra educativa.

Com relação à *segunda vertente*, quanto ao papel exercido por intermediadores, Souza (2003, p. 133) afirma:

> Na maioria das vezes [...] sendo tutelados por pessoas de fora das comunidades indígenas, o processo de editoração desses livros [...] incluindo o tratamento gráfico final que lhes é dado, é controlado por essas pessoas que acabam também vítimas inocentes da armadilha das areias movediças que separam a cultura oral da escrita.

Quando os textos indígenas são intermediados por não índios, é importante que, em sua edição, sejam observados todos os elementos que compõem o texto como multimodalidade discursiva, tais como os grafismos indígenas. Assim, evita-se que os textos sejam desfigurados. Afinal, são esses elementos multimodais que compõem a estética literária do texto indígena e devem, portanto, ser considerados no processo de editoração.

Finalmente, com relação à *terceira vertente*, muitos autores indígenas podem ser mencionados. Segundo Souza (2003, p. 135)

> [...] Longe dos fenômenos mencionados da tutelagem dos intermediadores e da escola indígena, esses autores ou publicam suas próprias obras, ou estas são publicadas por editoras não indígenas, e até de prestígio, como foi o caso de Daniel Munduruku. Longe também da performatividade da tradição oral e, portanto, de suas platéias indígenas, esses autores seguem, com algumas exceções, a tradição escrita e seus gêneros.

Entre os representantes de uma autoria literária indígena, podem ser mencionados: Daniel Munduruku, Kaka Werá Jecupé, Eliane Potiguara, Olívio Jekupé, Yaguarê Yamã, entre outros. Para exemplificar essa vertente da literatura indígena, vejamos trechos de algumas obras.

Na obra *A terra dos mil povos: história indígena do Brasil* contada por um índio (1998), Kaka Werá Jecupé apresenta, entre outros textos, um relato sobre a chegada dos colonizadores a esta terra. Ele mostra como esse evento modificou a noção de tempo e história, contados a partir de então sob a perspectiva eurocêntrica.

> [...] Quando chegaram as Grandes Canoas dos Ventos (as caravelas portuguesas), tentaram banir o espírito do tempo, algemando-o no pulso do Homem da civilização. Dessa época em diante, o tempo passou a ser contado de modo diferente. Esse modo de contar o tempo gerou a História, e mesmo a História passou a ser contada sempre do modo como aconteceu para alguns e não do modo como aconteceu para todos. [...] (JECUPÉ, 1998, p. 71).

Uma imagem acompanha o texto citado: uma figura geométrica, aqui reproduzida.

FIGURA 2. Extraída de Jecupé (1998, p. 70).

Sendo o texto indígena multimodal, a imagem acima deve ser lida em conjunto com as palavras do texto. Uma possibilidade de interpretação é de que, por trazer formas geométricas, o texto sugere vinculação à tradição ancestral, às narrativas ou aos conhecimentos ancestrais adquiridos via tradição oral.

Esses marcadores (formas geométricas) são encontrados em muitas obras indígenas brasileiras. Como já mencionado, não são mera ilustração. Pode estar sendo sinalizado no livro que as narrativas ou informações contidas nas páginas marcadas com traços ou formas geométricas são de autoria coletiva, ou seja, são provenientes de sabedoria ancestral de povos indígenas.

Já o livro *Kurumĩ Guaré no Coração da Amazônia* (2007), de Yaguarê Yamã, traz uma série de histórias, todas acompanhadas de imagens e grafismos indígenas. Entre elas, há uma intitulada "Uma cobra grande no porto de casa". O texto começa assim:

> As cobras têm lugar importante na cultura de meu povo. Está escrito no remo sagrado Puratiğ, dos Sateré-mawé, que o segundo mundo, este em que vivemos, foi feito do corpo de Mói wató Mağkarú-sése, a primeira serpente. Assim sendo, todos moramos em cima de uma gigantesca cobra transformada em terra (YAMÃ, 2007, p. 37).

Nas narrativas indígenas, a inclusão de serpentes como personagens nas narrativas é recorrente. As serpentes são vistas, em geral, como símbolo do mal ou do pecado nas narrativas ocidentais. Nas narrativas indígenas, as cobras ou serpentes não estão necessariamente associadas ao mal; podem representar perigo e ser nocivas, mas também podem simbolizar conhecimento, por exemplo. Na verdade, os símbolos devem ser lidos e interpretados segundo cada cultura produtora de significados.

O texto "Uma cobra grande no porto de casa" é acompanhado por uma imagem inicial:

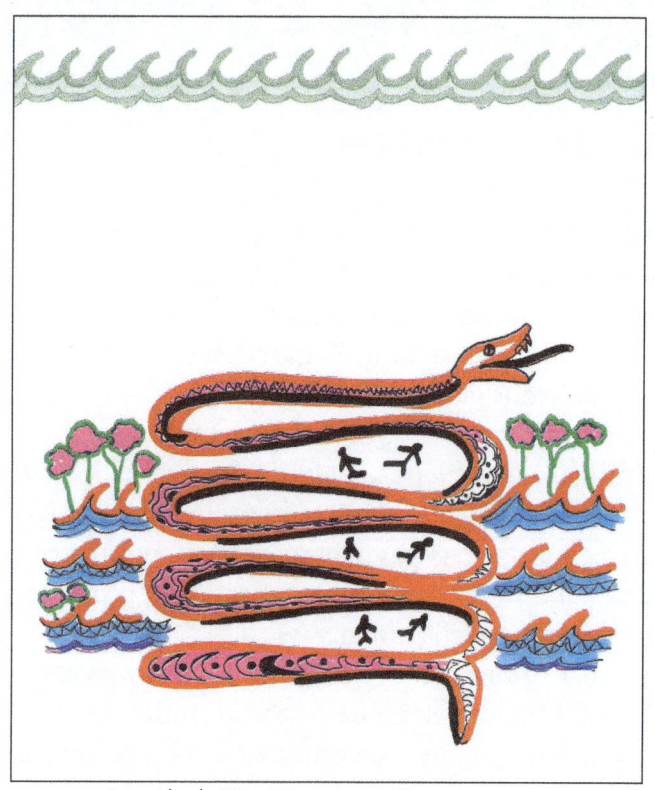

FIGURA 3. Extraída de Yamã (2007, p. 36).

A imagem é a de uma serpente que parece sair das profundezas. Seu movimento sinuoso parece criar espaços que servem de moradia e proteção. Mas também pode sugerir que a serpente, imensa, "abraça" e devora. Esta última leitura pode encontrar ressonância na história, já que a narrativa conta como uma enorme serpente ataca um rapaz e quase o mata. Contudo, a imagem da serpente constrói uma ambiguidade que enriquece o texto.

Para completar a narrativa, mais uma imagem é incluída: a do símbolo da cobra, usado pelo clã Çukuyê.

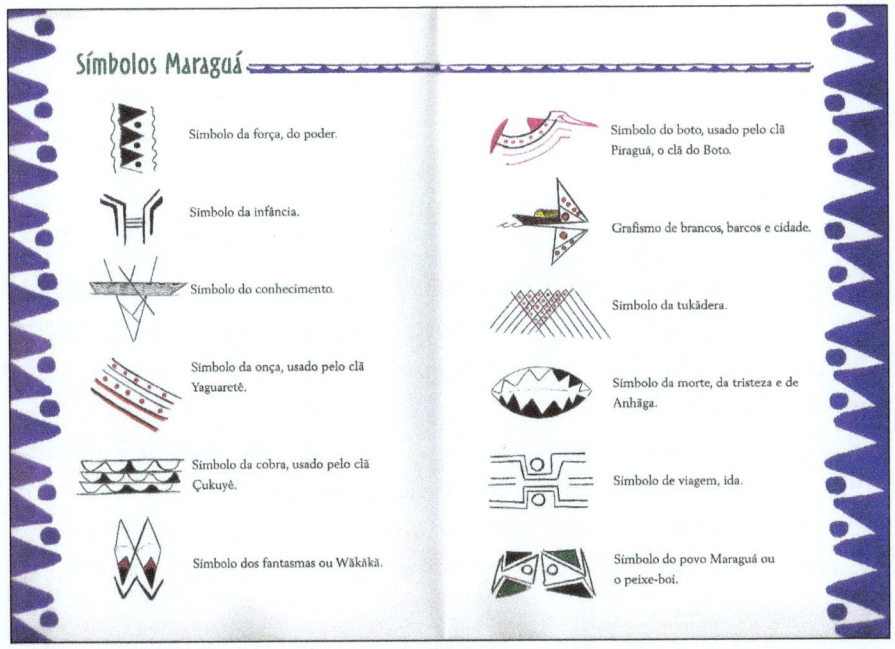

FIGURA 4. Extraída de Yamã (2007, p. 84-85).

O autor, que também ilustra a obra, fornece ao leitor – provavelmente não índio – um glossário dos símbolos que fazem parte da cultura Maraguá. Pela inserção desse grafismo, percebe-se mais uma vez a ênfase que essa cultura coloca na imagem da serpente, que inicia e encerra a narrativa.

Os símbolos Maraguá compõem também a história.

Palavras e imagens estão entrelaçadas na construção narrativa do texto.

Existe, sim, literatura indígena brasileira

Foi com admiração e alegria que encontrei o nome de Daniel Munduruku entre a lista de autores selecionados para fazer parte da antologia de textos intitulada *Um fio de prosa*, da Coleção Antologia de Contos e Crônicas para Jovens (2004), da editora Global. Na capa, ao final de uma lista de autores que inclui Mario Quintana, Cora Coralina, Manuel Bandeira, Ignácio de Loyola Brandão, Cecília Meireles, Lygia Fagundes Telles, Carlos Drummond de Andrade, Marina Colasanti, Rachel de Queiroz e Luís da Câmara Cascudo, aparece o nome de um autor indígena. Sua inclusão em uma antologia que inclui nomes de autores canônicos pode indicar não somente o reconhecimento de uma autoria indígena brasileira, mas também que o gênero narrativo híbrido conto/mito/história, característico de uma textualidade indígena, está começando a aparecer ao lado de contos canônicos ocidentais.

Em face do que foi discutido, se há alguma dúvida com relação a haver ou não uma literatura indígena, acredito que esta possa ser respondida pelo fato de que há leitores que leem essa produção como literatura. Isso significa ver na junção de texto, textura e contexto das obras indígenas critérios que lhes conferem validade literária.

De acordo com Almeida e Queiroz (2004, p. 197), a literatura indígena "Não se trata de uma invenção qualquer. Trata-se de uma deliberação política. Os escritores indígenas o fazem de um território imaginário, em que as coisas se renomeiam, no exercício da ocupação do solo simbólico".

Partindo do princípio de que a literatura é um dos "solos simbólicos" da cultura indígena, proponho, nos capítulos que se seguem, a análise de alguns elementos que compõem essa literatura. A observação de tais elementos podem auxiliar o não índio (seja ele professor ou aluno) a compreender o universo literário indígena e valorizar essa produção cultural, necessária para a inserção do indígena na escola e no Ensino Médio.

CAPÍTULO 3
AS TEXTUALIDADES INDÍGENAS E SUA LEITURA

> *No que diz respeito à tradição, foi preocupação de meu pai ensinar-me a cultura do nosso povo. Desde criança, assim que comecei a entender as coisas, o que ele mais fazia era arranjar um tempo para contar histórias.*
> (Yaguarê Yamã, "Vivendo a tradição", *Kurumi Guaré no coração da Amazônia*)

A nomenclatura *literatura nativa*, tradução da expressão *Native literature* utilizada em língua inglesa, parece ser insuficiente para contemplar as negociações realizadas nas línguas latino-americanas entre textualidades *indígenas* (escritas por autores indígenas) e *indigenistas* (*de autores não índios*), mas não deixa de demonstrar a complexidade ou pluralidade da produção textual indígena.

Se a produção indígena é complexa, o que dizer então de sua leitura? Principalmente por parte de leitores que não pertencem ao universo cultural indígena ou não conhecem as especificidades de sua literatura.

Para que a literatura indígena alcance a sala de aula, é preciso que seus leitores, professores e alunos, disponham de referenciais teóricos para que as textualidades indígenas sejam interpretadas em sua contextualização cultural e estética. Para tanto, faz-se imprescindível tratar de questões voltadas para a atividade leitora, focando primeiro a leitura do *outro* para então passar à leitura de suas obras.

Dimensões de leitura

Uma reflexão sobre leitura pode ter como ponto de partida as cinco dimensões do processo de leitura propostas por Thérien (*apud* JOUVE, 2002, p. 17-22), apresentadas sucintamente a seguir:

- um processo neurofisiológico;
- um processo cognitivo;
- um processo afetivo;
- um processo argumentativo; e
- um processo simbólico.

A leitura como *processo neurofisiológico* indica, segundo os referidos autores, que a atividade leitora é desenvolvida por um conjunto de funções cerebrais e pelo aparelho visual. Com relação à leitura do outro, do índio e de sua produção literária, sua apreensão pode ser determinada por uma *programação*, que faz com que haja uma maneira de ver e interpretar o mundo, localizada na cultura e na visão de mundo de seu leitor.

Como *processo cognitivo*, a leitura implica a transformação de significantes em significados, solicitando do leitor um "esforço de abstração" (JOUVE, 2002, p. 18) e "um saber mínimo que o leitor deve possuir se quiser prosseguir a leitura". (JOUVE, 2002, p. 19). Neste caso, a leitura do outro exige o desenvolvimento de competências para que sejam construídos sentidos a partir do que o outro apresenta e para que a leitura do outro ultrapasse o nível do etnocentrismo.

Quanto ao *processo afetivo*, Jouve (2002, p. 19) afirma que "O charme da leitura provém em grande parte das emoções que ela suscita. Se a recepção do texto recorre às capacidades reflexivas do leitor, influi igualmente – talvez, sobretudo – sobre sua afetividade". De forma análoga, a leitura do outro faz com que se responda a ele emocionalmente com atitudes de repulsa, rejeição, desprezo, ódio, ou de admiração, respeito, confiança e tentativa de imitação. As emoções dependerão das relações de poder criadas e do prisma de igualdade, inferioridade ou superioridade desenvolvido, determinantes para a apreensão e para o relacionamento com a alteridade.

O *processo argumentativo* é apresentado por Jouve (2002, p. 21) como aquele no qual

> O texto, como resultado de uma vontade criadora [...] é sempre analisável [...] como "discurso", engajamento do autor perante o mundo e os seres. [...] Como observa J.M. Adam (1985) em seu estudo sobre a narrativa, "a narração visa a levar o interpretador em potencial (caso da comunicação escrita) ou atual (caso da comunicação oral) a uma certa conclusão ou desviá-lo dela".

Como a literatura desafia o leitor pelos caminhos da interpretação, o outro desafia o leitor pelos caminhos que levam a uma revisão de conhecimentos, pois o outro age sobre quem o lê.

Com relação ao *processo simbólico* da leitura, Jouve (2002, p. 22) aponta que

> O sentido que se tira da leitura (reagindo em face da história, dos argumentos propostos, do jogo entre os pontos de vista) vai se instalar imediatamente no contexto cultural onde cada leitor evolui. Toda leitura interage com a cultura e os esquemas dominantes de um meio e de uma época.

Embora o outro possa conduzir o leitor pelos caminhos de sua interpretação, a leitura depende do leitor e tem sua fundamentação nos contextos político-econômico e/ou histórico-culturais do leitor, o qual constrói sentidos do outro a partir da sua própria identidade e cosmovisão.

Portanto, a apreensão da alteridade depende, principalmente, do leitor. A complexidade da interação construída com o outro, e no caso com sua literatura, depende de como a voz do outro se manifesta. Além disso, existem inúmeros *outros*, e a relação com cada um e com cada voz é diferente, em face de localizações culturais/ideológicas e de relações de poder. Isso significa que não há nem neutralidade, nem um olhar desenraizado nas palavras utilizadas para traduzir o outro.

A literatura indígena e o leitor não índio

Quanto à leitura literária, esta é lida na interação texto-leitor, o que significa que o sentido se concretiza em um entrelaçamento cultural, principalmente se o texto parte de uma cultura e tradição literária e chega a um leitor que aprendeu a ler textos literários segundo outra cultura e outra tradição literária. Neste caso, referenciais e critérios de validação de leitura específicos são fundamentais, embora nunca sejam suficientes, pois a leitura literária de tradições diferentes daquela que conheço constitui um desafio permanente.

Esse desafio deve, contudo, ser abraçado pelo professor que trabalha com literatura no Ensino Médio para que seus alunos também reflitam sobre os parâmetros que regem a interpretação e a valorização de textos literários.

A interação entre a produção literária indígena e o seu leitor, principalmente o leitor não índio, implica o exercício de práticas leitoras complexas. Segundo Maria de Lourdes Dionísio (2005, p. 76)

> Para se ser, então, leitor, o indivíduo necessita [...] um repertório vasto e flexível de práticas, desempenhar papéis e activar recursos que dêem expressão às dimensões operativas, culturais e críticas, actuando tanto: como "decodificador", pela mobilização dos recursos necessários para "abrir" o código dos textos escritos, reconhecendo e usando traços e estruturas convencionais da organização do texto; como "participante textual", participando na construção de sentidos, tendo em consideração, por relação com as suas experiências e conhecimentos sobre outros discursos, textos e sistemas de significação, os sistemas de sentido específicos de cada texto; como "utente de textos", [...] negociando as relações sociais à volta dos textos, sabendo sobre eles e agindo nas diferentes funções sociais e culturais que eles desempenham na sociedade (por exemplo, na escola) [...].

Ser leitor de obras literárias indígenas significa que as "dimensões operativas, culturais e críticas" precisam ser ativadas para que a leitura se desenvolva partindo do que já se conhece das convenções de leitura. Só então pode-se experimentar novas construções discursivas e, finalmente, negociar interpretações decorrentes do diálogo entre o preexistente e o novo.

Portanto, para que nos capítulos seguintes práticas leitoras possam ser sugeridas e desenvolvidas em sala de aula, destaco quatro aspectos relacionados ao que significa *escrever* literatura sob prismas indígenas: o entrelugar da literatura indígena, os gêneros literários, a autoria e a composição multimodal.

O entrelugar da literatura indígena

As textualidades indígenas estão abertas às redes de relações que congregam o local e o global e os autores indígenas transitam por espaços tribais, mas também urbanos; ou seja, eles estão localizados em espaços culturais ancestrais, além de dialogarem com culturas cosmopolitas. Por tudo isso, seu espaço de produção pode ser simbólica e concretamente representado por uma *rede*, termo que, segundo Houaiss e Villar (2003, p. 445) significa "trançado que forma tecido vazado [...] conjunto de meios de comunicação, informação ou transporte [...] canalização que distribui água [...] distribuidor de energia [...] qualquer estrutura interligada [...]". Como rede, portanto, o lugar da produção indígena é vazado, atravessado por elementos internos e externos que fluem interligando significados. Ainda como rede, esse lugar de produção existe em uma relação de codependência entre centros e margens, o que gera uma tensão criativa.

Como dizer, então, que há uma literatura autêntica, que implique a ideia de algo puro ou intocado? O hibridismo é inerente às culturas e, consequentemente, às práticas culturais e discursivas. A noção de *pureza* torna-se insustentável frente à circulação, ao nomadismo e à diáspora. Como propõe Akhil Gupta e James Ferguson (2000, p. 35)

> Em um mundo de diáspora, fluxos transnacionais de cultura e movimentos em massa de populações, tentativas antiquadas de mapear o globo como um conjunto de regiões ou berços de cultura são desnorteadas por uma série estonteante de simulacros pós-coloniais, duplicações e reduplicações, na medida em que a Índia e o Paquistão reaparecem numa simulação pós-colonial em Londres, a Teerã pré-revolucionária ergue-se das cinzas em Los Angeles, e milhares de sonhos culturais semelhantes são representados em cenários urbanos e rurais em todo o mundo. Nesse jogo-cultura da diáspora, ficam borradas fronteiras entre o 'aqui' e o 'lá', o centro e a periferia, a colônia e a metrópole.

Em face de tantos deslocamentos, com a diluição de fronteiras, identidades precisam ser renegociadas; além disso, lugares não podem mais ser apenas contrapostos em função de oposições binárias, e sim percebidos por seu hibridismo.

No "jogo-cultura da diáspora", as peças não se movimentam simplesmente de um ponto de partida para outro de chegada; origem e destino se confundem e conduzem ao entrelugar, um espaço de desconstrução e descentramento.

Silviano Santiago definiu o entrelugar em seu ensaio "O entrelugar do discurso latino-americano", de 1970. Nubia Hanciau (2003, p. 110) aponta que

> Além de discutir o lugar que ocupa o discurso literário das Américas em confronto com o europeu, Santiago questiona a respeito do que é produzir cultura e literatura em província ultramarina, analisando as relações entre as duas civilizações – a européia e a americana – que considera completamente estranhas uma à outra, cujos primeiros encontros situaram-se no nível da ignorância mútua. Para Santiago, no renascimento colonialista está a origem de uma nova sociedade, mestiça, cuja principal característica é a reviravolta que sofre a noção de unidade e pureza, contaminada em favor de uma mistura sutil e complexa que se dá entre o elemento europeu e o autóctone e que leva à abertura do único caminho possível para a descolonização.

O *entrelugar* caracteriza-se, portanto, por sua mestiçagem, e fundamenta-se na abertura para trocas culturais. É na confluência cultural que surge a literatura indígena à qual o leitor não índio passa a ter acesso. Como visto nos capítulos precedentes, as visões etnocêntricas construíram uma sintaxe da cultura indígena e do índio. Na literatura indígena contemporânea, tal sintaxe é questionada ou problematizada, pois o índio assume a voz narrativa e encontra visibilidade no meio literário para que o não índio o veja sob o prisma da confluência e da fluidez cultural.

Os gêneros literários

A questão do gênero literário exemplifica a questão do hibridismo cultural e do diálogo entre tradições literárias. Ao mesmo tempo, aponta para especificidades da construção das textualidades indígenas, especialmente no que se refere à presença de elementos provenientes da oralidade ou vinculados à visualidade.

É preciso observar ainda que gêneros que recebem muitas vezes a mesma nomenclatura nas tradições ocidentais e tribais (conto, crônica, etc.) não possuem a mesma configuração.

Por exemplo, o livro *O banquete dos deuses: conversa sobre a origem da cultura brasileira*, de Daniel Munduruku, propõe interação cultural já em seus título e subtítulo. Nele, leituras de mundo originárias de tradições tribais e narrativas provenientes da tradição oral (sugerida pela palavra *conversa*) convivem com aspectos da construção discursiva/cultural ocidental. A própria composição da obra é híbrida. Ou seja, tem-se aí uma pluralidade de vozes e gêneros, o que demonstra a necessidade de discutir a questão do gênero nas obras indígenas.

Dentre as possibilidades de leitura da palavra *gênero*, é possível falar de gêneros literários (divididos, segundo a poética clássica, em lírico, épico e dramático) e de gêneros textuais. Quanto a estes, de acordo com Yves Reuter (2002, p. 129),

> [...] os textos se apresentam sob a forma de gêneros codificados social e, às vezes, esteticamente: panfletos, editoriais, atas de reuniões, romances, novelas... Estes gêneros limitam as narrativas, primeiro impondo modos de organização, mais ou menos rígidos, à diversidade seqüencial e, em seguida, comandando formas mais ou menos codificadas para essas seqüências.

No entanto, os gêneros são muitas vezes definidos no modo como são lidos e as fronteiras genéricas se diluem e flexibilizam. Com relação às narrativas indígenas, Lynn Mario T. Menezes Souza (2003, p. 132) afirma:

> [...] Dada a complexidade da situação do surgimento dessas narrativas no espaço intersticial entre a oralidade e a escrita, é de se esperar que os gêneros textuais das narrativas indiquem tal complexidade, dificultando a sua identificação em termos dos gêneros da cultura escrita, tais como "poesia", "conto" ou "crônica". Muitas vezes, são os editores não-indígenas dos textos que formatam os manuscritos atribuindo-lhes o gênero textual

que mais lhes parece cabível nas circunstâncias, sem que os próprios autores tenham escolhido intencionalmente tais gêneros.

Como posto acima, uma das questões referentes ao gênero literário nas obras indígenas tem a ver com quem define um texto como conto, crônica, ensaio, e assim por diante, e sob quais visões de classificação.

Outro desafio surge do imbricamento de tradições e poéticas, o que também pode significar um imbricamento de gêneros. O contato e a interpenetração de gêneros textuais são perceptíveis tanto na literatura canônica ocidental quanto na textualidade extraocidental. Esta última demonstra sua complexidade pela interação de multimodalidades discursivas criadas na interseção da oralidade, da performatividade, da escrita alfabética e pictoglífica.

A mobilidade dos gêneros textuais pode ser ainda observada na maneira como estes são agrupados em função dos propósitos aos quais se destinam.

Relatos cerimonial e popular

Paula Gunn Allen (1979, p. 236-237) discute a subdivisão da literatura indígena *em cerimonial e popular*. Para a autora, a literatura cerimonial agrega, por exemplo, gêneros como cantos de cura, de caça, de purificação, ciclos cerimoniais de origem e criação, eventos lendários ou míticos; por sua vez, a literatura popular inclui canções de ninar, piadas e pequenas histórias, entre outros textos.

Allen ainda acrescenta gêneros relacionados a um tipo de textualidade localizada em um entrelugar, entre o cerimonial e o popular, cuja variedade inclui cantos, encantamentos, histórias do coiote e lendas.

Evidencia-se, assim, a pluralidade de gêneros que compõe cada literatura, bem como a diferença entre os gêneros mencionados por Allen, tais como o canto e a dança, daqueles contemplados pelos estudos canônicos.

Contudo, a literatura indígena destaca-se não somente pela inclusão de gêneros normalmente não contemplados pela literatura de tradição europeia. Há ainda a questão de que a nomenclatura utilizada para descrever os gêneros extraocidentais não se refere exatamente ao sentido que lhe é dado pelo ocidente. Além disso, como aponta Luiz Carlos Borges (2003, p. 8), "Via de regra, as sociedades de tradição oral não apresentam um classificador absoluto que distinga os diferentes gêneros narrativos".

A classificação apresentada por Allen de dois tipos de literatura nativa, cerimonial e popular, demonstra como as construções discursivas são reconhecidas por sua importância na realização de atividades que fazem parte da organização social interna de nações indígenas norte-americanas.

Percebe-se que não há como equiparar textos de literatura cerimonial à prosa ou à poesia ocidentais; isso indica mais uma vez que conceitos e elementos do verso e da narrativa ocidentais não podem ser simplesmente aplicados à análise de textos indígenas. Em universos tribais, canções, danças e movimentos rituais compõem práticas cerimoniais que visam a conferir poder ou força. Elas integram o indivíduo à comunidade, integram a comunidade dos homens àquela de outros reinos e essa comunidade resultante, mais ampla, com mundos além deste.

Já as práticas discursivas populares guardam e manifestam saberes, expressos por vezes na forma de mitos, que acompanham atividades do cotidiano. Desse modo, a palavra *literatura*, utilizada pela autora, adquire um alcance na vida de comunidades tribais que vai além de uma experiência artístico-estética.

Relato mítico

Dentre os gêneros narrativos indígenas, o *relato mítico* assume, em tradições tribais, um papel essencial.

O termo *mito*, banalizado em seu uso no ocidente, normalmente vinculado a relatos fantasiosos e desvinculado de um discurso histórico ou verdadeiro, assume outras conotações em contextos tribais. Ele nada tem a ver com a ideia de ficção utilizada pelas convenções literárias ocidentais. Sugere, por outro lado, ligação a narrativas verdadeiras, com função religiosa.

O *relato mítico*, que se refere à origem do mundo, dos deuses e do homem, oferece mais que entretenimento, como poderia ser concebido pela perspectiva ocidental; entendido como verdadeiro saber, o mito fornece as bases que sustentam as relações sociais das comunidades tribais. Para Almeida e Queiroz (2004, p. 251), "A função do mito, para os índios, seria a de explicação e de organização do mundo, o que seria sempre transmitido às novas gerações em forma de crenças, valores, leis – garantias da vida em comunidade. Contar o mito é batalhar pela sobrevivência do próprio povo".

Constitui o mito, portanto, uma forma de arquivo, espécie de documentação histórica, jurídica e ideológica da origem de uma comunidade, e que lhe assegura continuidade, a própria existência. Segundo Borges (2003, p. 9),

> De modo geral, nas sociedades de tradição tribal/oral, o mito apresenta-se como uma estrutura complexa e multidimensional. Uma dessas funções é de ser a história verdadeira em que se funda a sociedade. Processando-se como memória atualizadora, o mito estabelece a ligação entre as várias gerações, permitindo criar um efeito identitário, através do qual a nação-povo manifesta uma consciência de homogeneidade e continuação. [...]
>
> Entendido, então, como narrativa fundadora que explica o presente a partir de eventos que se realizaram no passado imemorial (MALI, 1994), o mito funciona como um mecanismo aberto de fazer a história, que se sustenta na/pela memória. [...]

O mito funda não só a estrutura das sociedades de tradição tribal/oral, mas também a própria identidade dessas sociedades. Ao serem narradas, ganham materialidade e constroem uma unidade que entrelaça diferentes gerações. Apesar desses aspectos ou justamente por causa deles, o relato mítico se aproxima de outros gêneros narrativos, tais como o *conto*. Contudo, na tradição tribal, o conto pode constituir uma forma transformada do mito, o que demonstra a flexibilidade das fronteiras entre os gêneros que compõem a textualidade indígena. Para Almeida e Queiroz (2004, p. 252),

> Alguns autores consideram que os contos seriam mitos degradados, evocações de rituais primitivos. Para outros, eles coexistem em todos os lugares do mundo com as narrativas sagradas, sob a forma de simples divertimentos. O conto, diferente do

mito, seria uma narrativa profana, em que os homens e animais estariam onipresentes. O mito tem a amplitude coletiva da explicação das origens do mundo ou do povo. O conto seria uma narrativa circunstanciada de um percurso iniciático individual.

O relato mítico está vinculado à tradição oral, mas passa a receber uma versão escritural no contato com o colonizador europeu, além de formas de expressão e escritura ocidentais.

Modalidades discursivas ocidentais e extraocidentais interagem. Algumas estratégias, tais como a repetição, são alteradas, principalmente quando o público-alvo é o não índio. Ainda com relação aos mitos, tratando de universos tribais norte-americanos, brasileiros e africanos, Risério (1993, p. 36-37) explica:

> Os pawnee, segundo Mircea Eliade, distinguem duas categorias textuais: os textos que narram coisas que realmente aconteceram, envolvendo a criação do universo, a performance dos heróis astrais, etc. (tudo aquilo que só uma pessoa que não fosse pawnee chamaria "mito") e os textos que narram eventos fictícios, o fabulário profano povoado pelas aventuras do coiote. Os cherokee (EUA) e os hereró (África) parecem fazer a mesma distinção. Também os iawalapiti, índios de língua aruak que integram o sistema social xinguano, consideram absolutamente reais suas narrativas "míticas". Os iawalapiti parecem organizar seus textos em duas classes [...], separando o modo textual awnati – que não deve ser traduzido por "mito" – do modo textual inutayá, traduzível por história e por estória.

Dentre as possibilidades de sistematização das textualidades indígenas, as categorias textuais dos Pawnee, Cherokee, Hereró e Iawalapiti são divididas entre aquelas referentes a eventos reais e fictícios; contudo, a leitura de "realidade" e "ficção" nos universos tribais e ocidentais não atende aos mesmos parâmetros. Diferentes culturas possuem diferentes maneiras não só de ler o que é a realidade, mas de experimentá-la e narrativizá-la.

Relato ensaístico

Outro gênero presente em textualidades indígenas é o *ensaio*. Esta é a forma predileta para a construção de um discurso social e político.

O ensaio também é utilizado como metatexto, para desenvolver uma reflexão sobre a própria construção textual periférica e sobre o que a escritura e publicação de textos representa para o índio.

Por seu caráter autorreferencial, o ensaio constitui forma apropriada para discussões identitárias; no caso da narrativa indígena, especificamente, o ensaio pode oportunizar a análise identitária própria e comunitária. Ele ainda possibilita a tessitura de considerações sobre a relação do eu-narrador (índio) com a tradição tribal, com a tradição ocidental, com o trânsito entre culturas e textualidades.

Gênero memorialístico

Uma das modalidades de ensaio utilizadas em narrativas indígenas é o *testemunho ensaístico*. Ele exibe uma espécie de documentação da memória coletiva da comunidade representada no discurso indígena, mas pode constituir contranarrativa em face do poder ocidental. Contudo, o testemunho ensaístico é também forma de autorrepresentação, transitando do gênero ensaístico ao memorialista.

Com relação às formas utilizadas na literatura canônica para autorrepresentação, destaco a *autobiografia* e as *memórias*. Segundo Wander Melo Miranda (1992, p. 36),

> [...] a distinção entre memorialismo e autobiografia pode ser buscada no fato de que o tema tratado pelos textos memorialistas não é o da vida individual, o da história de uma personalidade, características essenciais da autobiografia. Nas memórias, a narrativa da vida do autor é contaminada pela dos acontecimentos testemunhados que passam a ser privilegiados. Mesmo se se consideram as memórias como a narrativa do que foi visto ou escutado, feito ou dito, e a autobiografia como o relato do que o indivíduo foi, a distinção entre ambas não se mantém muito nítida.

O entrelaçamento das narrativas do gênero memorialista espelha o hibridismo das textualidades indígenas, que são manifestos da autorrepresentação (autobiografia) e também da cosmorrepresentação (memórias).

O discurso indígena, por meio do testemunho ensaístico, do relato autobiográfico e memorialista, volta a atenção do leitor para o eu-autor, eu-narrador, e eu-personagem do texto, problematizados pelas modalidades discursivas indígenas. Segundo Philippe Lejeune (1983), a coincidência entre autor, narrador e personagem constitui aspecto fundamental na caracterização de uma autobiografia.

No entanto, com relação às textualidades indígenas, esses elementos precisam ser entendidos segundo uma ótica própria às tradições tribais. Isso se dá em função de dois elementos: 1) a complexidade do conceito de autoria dos textos provenientes da tradição oral; e 2) a construção identitária individual e coletiva pelos textos.

Como discurso de resistência, o texto memorialista indígena pode vir a caracterizar-se como *contramemória* ou *memoro-política*. O primeiro termo, *contramemória*, descrito por Lipsitz (1995), parte do individual, específico, local, para então voltar-se para o global; ele inclui histórias das nações periféricas que foram apagadas ou que estão em contraposição àquelas da *narrativa oficial*.

A *contramemória* inclui versões que apresentam uma re-visão do passado e da história do *outro* em um passado narrado. O discurso de *contramemória* constitui forma de esclarecimento, emancipação e autoafirmação perante a sociedade hegemônica.

Como propõe Said (1995, p. 389), "ler e escrever textos nunca são atividades neutras: acompanham-nas interesses, poderes, paixões, prazeres, seja qual for a obra estética ou de entretenimento". Por isso, a *contramemória* marca uma conexão com os ancestrais; documenta a existência de histórias paralelas normalmente não relatadas pelo discurso hegemônico ocidental; sinaliza um posicionamento ideológico do índio que assume a voz narrativa como estratégia de resistência e meio de tornar sua presença visível e permanente. De modo semelhante, o termo *memoro-política* aplica-se também ao gênero memorialista indígena. O discurso elaborado para revelar a história secreta traz à tona a dor e os traumas sofridos pelos índios em função de violência físico-político-ideológica causada pelos processos do colonialismo e/ou do imperialismo.

A escritura indígena pode ser vista, então, como meio de ocupar um território para reinscrever a presença indígena na América, de uma perspectiva não de sujeição, mas de negociação com o poder hegemônico. Pela escritura e inserção no mercado editorial, as nações indígenas entram na História, não mais como coadjuvantes, e obtêm reconhecimento.

A autoria

Na manifestação da imaginação pela escritura, a autoria é questão crucial. A noção de autoria *indígena* pode envolver a produção de um escritor que expressa sua voz individual ou uma voz coletiva. Marcada por um nome ocidentalizado ou por um etnônimo (*munduruku*, por exemplo), a marcação autoral indígena conduz ainda ao reconhecimento de um *outro* que afirma sua(s) identidade(s).

A questão da autoria marca diferença e indica a localização social, histórica e política do escritor periférico situada em um entrelugar de negociação entre *filiações* e *afiliações*. Uso o termo *filiação* como descendência, decorrente de laços sanguíneos ou culturais com comunidades tribais. Já o termo *afiliação* tem a ver com associação, contatos com o centro de poder e suas margens, negociações com poéticas ocidentais e extraocidentais.

A autoria indígena é assim problematizada, já que o autor indígena pode ser ou não de sangue indígena. Ele pode construir uma linhagem identitária indígena e transitar entre diferentes linhagens de produção textual.

Outro elemento importante a ser considerado é que o autor indígena é ainda um híbrido de autor-criador e representante de uma cultura tribal, além de criador de uma produção artística individual e transmissor de uma produção artística coletiva.

O autor indígena constrói sua identidade e relação com o mundo e com os outros com base em uma vinculação com um universo tribal, podendo ter ascendência, origem ou cosmovisão indígena. Por outro lado, a autoria indígena é também associada a indivíduos situados em um espaço intersticial pan-indígena, que agregam elementos de várias tradições tribais e constroem uma filiação e afiliação a tradições indígenas diversas.

A autoria também assume uma característica ambivalente na produção textual indígena, vinculada tanto ao universo da oralidade e do anonimato da autoria coletiva quanto ao universo da escritura e da propriedade intelectual dentro de um mercado editorial. Quando o nome do autor aparece nas capas das publicações de obras indígenas, pode-se dizer que há um compromisso com os contadores de histórias tradicionais e com a comunidade que representa. Pensando com Barthes, diríamos que o autor indígena não está morto, pois a marcação da autoria indígena remove o índio do silenciamento e anonimato aos quais esteve relegado pelos centros de poder. Por outro lado, a autoria indígena se dilui na coletividade, como apontam Almeida e Queiroz (2004, p. 216):

> [...] Não se pode dizer que, no caso indígena, se trate da morte do autor, como entidade. Trata-se, porém, da sua morte como indivíduo. A autoria indígena se configura através de determinados signos, inclusive extra-verbais, que querem significar a forma de ser dos grupos ali representados. É a apresentação da comunidade, até certo ponto ritualizada, no sentido que os próprios índios atribuem a esse termo: um grupo de "parentes", próximos ou distantes, amigos ou inimigos, ligados por laços de sangue ou não, mas que compactuam para determinados fins; sendo assim um grupo político. E sua literatura faz parte de sua política.

A composição multimodal

Um elemento que deve ser lembrado com relação à literatura indígena brasileira é sua composição multimodal. Isso significa que, ao lado da escrita alfabética, outros elementos compõem o texto, tais como elementos visuais/grafismos, que não são simples ilustração.

Com base em estudos desenvolvidos por Gunther Kress e outros pesquisadores, relativos às áreas da linguagem e da semiótica, utilizo o termo *modalidades* significando os recursos semióticos utilizados para a representação (e comunicação) de sentidos construídos social e culturalmente. Tais recursos incluem, por exemplo, a imagem impressa ou em movimento, o som, a música, o gesto, a fala.

Os estudos desenvolvidos por Kress (2010) propõem que a construção de significados combina vários modos (visual, textual, auditivo, sinestésico, etc.). Esta percepção implica uma pedagogia que reconheça a natureza dinâmica da comunicação, de onde provém a importância de se ler e interpretar textos expressos por múltiplas linguagens. Assim, uma vez que os significados das textualidades indígenas emergem de modalidades variadas – escrita, imagens, movimento, áudio – e de suas combinações, um novo conceito de letramento é proposto, promovido pela leitura de obras indígenas.

Imagens estão presentes em grande parte dos textos indígenas e há um enredo nos desenhos que lança o leitor para uma rede de significados forjados pela interação de palavra e imagem. Muitas vezes, a palavra escrita, tão privilegiada pela literatura canônica, passa a ser um complemento do elemento visual.

A partir da representação visual e gráfica de seu potencial imaginativo, o narrador amplia a latitude e a longitude de seu olhar sobre o mundo e recorre à imaginação como forma de se relacionar com o real, projetando-o ou reformulando-o. As diversas tradições, independentemente de privilegiar o elemento gráfico, oral, visual ou performático, encontram maneiras para que o homem manifeste o seu fazer de si e do outro. Dessa forma, ele se revela construtor da identidade própria e alheia a partir de observações e de imaginários que se transformam em narrativas.

A fim de ilustrar técnicas de leitura que podem ser aplicadas em outras obras da literatura indígena brasileira, faço referência a algumas imagens extraídas do texto *A palavra do Grande Chefe*, uma adaptação livre, poética e ilustrada do discurso do Chefe Seattle, por Daniel Munduruku (2008), da editora Global.

O texto é contado sob o ponto de vista de um narrador-testemunha, que veio, junto com muitos outros, para a reunião com o governador sobre a venda das terras indígenas para os brancos. O texto, que contém a visão do narrador e a palavra do Chefe Seattle se pronunciando sobre a proposta do governador, focaliza essas duas vozes, que na verdade representam as vozes que defendem os direitos à vida do planeta e das gerações que nele habitam.

O texto apresenta várias imagens. Entre elas, destaco duas faces: uma de olhos fechados (que aparece na capa e em dois outros momentos do texto) e uma de olhos abertos (que fecha o texto).

FIGURA 5. Extraída de Munduruku (2008, p. 25).

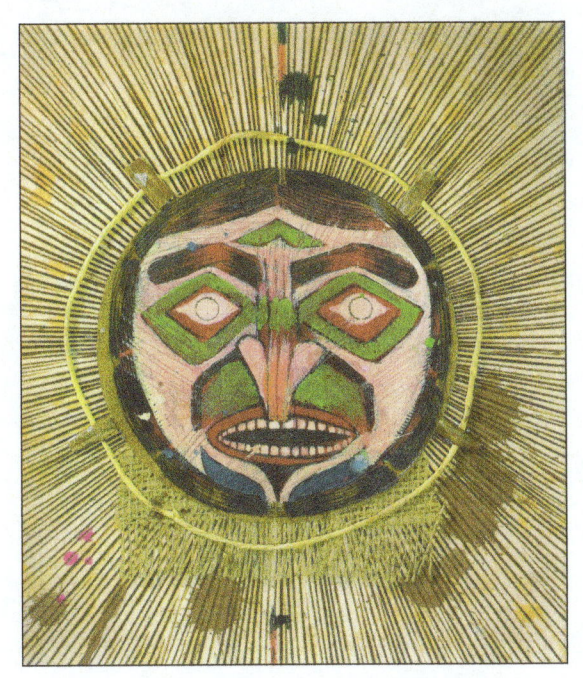

FIGURA 6. Extraída da contracapa de Munduruku (2008).

Essas faces se revezam em sua ilustração do texto, como a mostrar momentos de olhos fechados (que podem conter várias interpretações, como morte, desaparecimento, negação, esquecimento, passividade) e momentos de olhos abertos (que podem sugerir, entre outras leituras, vida, presença, ação, desafio, estar alerta). A face final está de olhos abertos, o que parece ser significativo no que tange à presença do olhar indígena e sua atividade na sociedade atual e nas decisões sobre o presente e o futuro do planeta.

Há ainda mais uma imagem a ser destacada no texto, que se refere ao governador, que representa o poder e o mundo não índio.

FIGURA 7. Extraída de Munduruku (2008, p. 20)

Segundo informações publicadas no livro de Munduruku, os "[...] retratos do governador, [...] foram montados digitalmente a partir dos fragmentos de metal enferrujado e apetrechos ferroviários originais de manufatura britânica". Tal descrição sugere a construção de um homem-máquina, representando a presença da colonização e do poder britânicos no continente norte-americano.

A imagem do governador aparece duas vezes: na primeira, está com a boca aberta e com uma cartola preta; na segunda, sua boca está fechada e a cartola está aberta, deixando ver o que ela encobria – uma série de engrenagens e marcadores de velocidade que remetem às ferrovias, que simbolizam progresso e expansão pelo território norte-americano, bem como símbolos que remetem ao poder econômico.

Uma leitura possível da imagem, portanto, sugere que a palavra utilizada pelo branco/colonizador para se apossar das terras e promover a expansão e o progresso esconde finalidades de exploração da terra e dos povos que a habitam.

Portanto, as imagens destacadas, entre outras, aliadas às palavras do texto, promovem uma discussão mais integrada e aprofundada do pronunciamento do Chefe Seattle.

A visualidade como modalidade de autoria

O aspecto da visualidade da narrativa surge como elemento essencial a ser lido como marca de autoria na textualidade indígena brasileira. A duplicidade da autoria indígena configura-se, por exemplo, por traços geométricos, como já comentado no capítulo anterior. Eles marcam a autoria coletiva, conferindo maior veracidade à história relatada. Já gravuras ou figuras geométricas pequenas ou irrelevantes remetem a um conhecimento individual. Assim, desenhos e formas geométricas compõem uma poética que traduz uma vontade política de ressignificação das comunidades tribais. A autoria indígena comunitária e coletiva expressa, então, a constituição de um "sujeito social" que, segundo Souza (2003, p. 132-133),

> [...] não deixa de ser um indivíduo, mas reflete o conceito de formação identitária de sua cultura oral onde a dinâmica

individual-social é diferente da do sujeito individual ocidental. Bhabha o denomina "sujeito pronominal" porque não é formado por um conceito de identidade "substancial" ou "nominal", ou seja, essencialista; é um sujeito constituído sempre na dinâmica das relações sociais com os outros sujeitos de seu grupo, podendo ora ocupar o lugar do "eu", ora o lugar do "nós", ora o lugar da impessoalidade coletiva.

Assim, a voz narrativa das textualidades indígenas pode transitar do eu para o nós como estratégia de marcação estilística. Dessa forma, as textualidades indígenas integram estilos étnicos e pessoais.

A fim de ilustrar a questão da autoria em textos indígenas, recorro novamente ao texto *O banquete dos deuses*, de Daniel Munduruku. Em outro momento do texto, lê-se o seguinte:

> Na minha experiência com crianças, adultos, educadores, esotéricos e outros "malucos", fui percebendo que as pessoas adoram biografias. Todo mundo gosta de saber o que o outro já construiu na própria vida, o que ele fez, como conseguiu ser bem-sucedido, como obteve seus títulos, como viveu sua infância... Todos têm muita curiosidade em descobrir o que leva uma pessoa a escolher o caminho que ela trilha. Aprendi com isso que uma das maneiras mais agradáveis de falar às pessoas é contar-lhes um pouco da minha história a fim de que possam pensar na própria vida e na forma como ela está sendo construída. Desse modo, penso que poderei levar as pessoas a perceberem que somos a continuação de um fio que se constrói no invisível. Pensem nisso... somos a continuação de um fio que nasceu muito tempo atrás... vindo de outros lugares... iniciado por outras pessoas... completado, remendado, costurado e... continuado por nós. De uma forma mais simples, poderíamos dizer que temos uma ancestralidade, um passado, uma tradição que precisa ser continuada, costurada, bricolada todo dia (MUNDURUKU, 2000, p. 12-14).

O discurso citado sugere uma reflexão sobre o propósito pedagógico dos textos autobiográficos indígenas, segundo a visão do autor. Eles podem servir como ponto de referência, caminho para o autodescobrimento e, consequentemente, para a construção de identidades coletivas e individuais. Munduruku coloca-se no papel de educador e, devido ao seu aprendizado nas culturas tribal e ocidental, escreve utilizando a primeira pessoa do singular e do plural, de uma perspectiva individual e coletiva; no entanto, ao escrever representando uma coletividade, acredito ser sinalizada sua ambiguidade de afiliação: o pronome "nós" tanto pode remeter à sua inserção em uma comunidade local (da etnia Munduruku) e tribal quanto em uma comunidade nacional (brasileira) e ocidental. Da mesma forma, a construção de seus textos decorre da associação de conhecimentos provenientes de uma pluralidade cultural e da interação de textualidades indígenas com gêneros ou configurações textuais ocidentais.

Portanto, por meio de discursos construídos com estratégias próprias e adaptadas pelo contato com o outro, o índio, lavrado pelo colonizador europeu por tantos séculos (como parte de projetos de conquista e domínio territorial, político e ideológico), lavra perfis de diferença e de autonomia. Isso faz parte de projetos de autoafirmação de identidade, cultura e cidadania, dentro da unidade e marginalidade construídas pela denominação índio.

Portadoras de poéticas próprias, as textualidades indígenas propõem uma revitalização de conceitos vistos pelo cânone ocidental muitas vezes como únicos e definitivos.

Hibridismo literário: os casos de Kaka Werá Jecupé, Daniel Munduruku e N. Scott Momaday

Em *A terra dos mil povos*, de Kaka Werá Jecupé, há textos que agregam autobiografia, testemunhos ensaísticos, narrações míticas, anais, história, ensaios sobre semântica, fonética e pedagogia nativas, associados a gravuras e textos originários da tradição oral.

> Como classificar tal texto segundo modelos canônicos? Qual gênero literário é privilegiado no texto em questão? Quem escreve o texto?
>
> Leitores índios e não índios, formados em tradições literárias diferentes, podem responder estas perguntas de forma também diferente.

Há, na verdade, um imbricamento de vozes e gêneros nos textos indígenas.

No caso da obra *A terra dos mil povos*, os elementos que compõem a obra trazem saberes ancestrais aos não índios. Seu modo de inserir informações excluídas da História dos índios no Brasil, construir identidades e alteridades e contar histórias, alia sua origem ancestral e coletiva ao modo de narrar contemporâneo. O texto fundamenta-se em uma poética que merece visibilidade, inserção nos espaços do saber e reconhecimento.

A fim de exemplificar as discussões sobre gênero aqui apontadas, retomo o livro *O banquete dos deuses: conversa sobre a origem da cultura brasileira*, de Daniel Munduruku. O texto inicial, "Em busca de uma ancestralidade brasileira: à guisa de introdução", traz uma epígrafe de Carlos Drummond de Andrade: "O importante é não estar aqui ou ali, mas SER". Essa epígrafe parece remeter a duas das questões fundamentais discutidas nessa obra de Munduruku: a questão de estar constantemente em trânsito e a questão de ser (índio). Essas duas questões transparecem também na escritura indígena, na qual SER é um valor, SER em oposição a ter, SER é transcender.

O banquete dos deuses é uma obra composta por uma pluralidade de vozes e gêneros:

- ensaios;
- crônicas;
- testemunhos-ensaísticos;
- mitos;
- fábulas;
- relatos históricos;
- preces;
- cantos;
- cartas;
- traduções de uma prece, de uma carta e de um manifesto indígena norte-americano;
- textos escritos por outros autores indígenas;
- epígrafes de autores do cânone literário ocidental.

No texto introdutório, Munduruku apresenta a seu público-alvo, provavelmente formado por leitores não índios, seus conflitos internos. Esses conflitos têm a ver com aceitar sua ancestralidade indígena e sua inserção em um universo intercultural, principalmente em face dos estereótipos construídos sobre o índio pelo ocidente. Munduruku (2000, p. 9) afirma:

> Nasci índio. Foi aos poucos, no entanto, que me aceitei índio. Relutei muitas vezes em aceitar esta condição. Tinha vergonha, pois o fato de ser índio estava ligado a uma série de chavões que se cuspiam em mim: índio é atrasado, é sujo, preguiçoso, malandro, vadio... Eu não me identificava com isso, mas nunca fiz nada para defender minha origem. Carreguei com muita tristeza todos os apelidos que recaíam sobre mim: índio, Juruna, Aritana, Peri... E tive de conviver com o que a civilização tem de pior, isto é, ignorar quem traz em si o diferente. Ainda jovem me vi em crise de identidade. Aceitar minha origem significava abandonar uma série de comportamentos que já tinha introjetado, e eu não tinha muita coragem de fazer isso. [...]

Esse texto autobiográfico revela a condição de subalternidade imposta ao índio pelo discurso ocidental que constrói o índio como antivalor. O texto traz uma série de nomes (apelidos) que compõe o imaginário ocidental sobre o índio e o caracteriza de forma estereotipada como *primitivo, folclórico, sensual* ou *bom selvagem.*

Esse tipo de denominação conduz o nativo, no caso de Munduruku, primeiramente, à negação de uma ancestralidade indígena, do olhar pejorativo do outro/ocidental; contudo, por meio de um processo lento, o autor passa não só a se aceitar como membro de uma etnia indígena, mas também a defendê-la.

O relato autobiográfico de Munduruku sugere uma aproximação da narrativa *memoro-política*. Revela a dor e o trauma de ter a pele marcada pela ancestralidade indígena em um contexto que rejeita ou desqualifica etnias nativas. O texto aproxima-se também das narrativas de resistência.

A busca por uma resolução do conflito gerado pela duplicidade de afiliações culturais (tribal e ocidental) conduz Munduruku a transitar, literal e metaforicamente, pelos espaços da aldeia e da cidade. Segundo Munduruku (2000, p. 10)

> Nas minhas idas e vindas da aldeia para a cidade é que pude ir entendendo o que a cidade tinha para me oferecer. E foi ouvindo as histórias que meu velho avô contava que percebi o que os povos tradicionais podiam oferecer à cidade. Foi um caminho difícil de fazer, mas o início dessa história se chamava Apolinário.
>
> Apolinário era o nome do meu avô. Era, porque já faz muito tempo que ele nos deixou e foi morar na nascente do Tapajós, lugar para onde vão as almas iluminadas. Com ele aprendi a ser índio. [...]

Apoiado nos conhecimentos recebidos de seu avô, via tradição oral, o autor relata que "aprendeu a ser índio"; assim, a "indianidade", como constructo, é o resultado não só de "sangue", mas de uma escolha e de um aprendizado.

Uma vez que as lições de como "ser índio" são assimiladas da tradição oral, Munduruku assume seu papel de agente transformador dos estereótipos por meio do texto escrito, especialmente por meio das narrativas míticas e do relato autobiográfico.

Na apresentação de outra obra de Munduruku, *Coisas de índio*, o autor (2010, p. 7) discorre sobre seu propósito ao escrever e publicar seu livro para um público-alvo não índio, para "[...] dar uma oportunidade para as pessoas compreenderem melhor e se tornarem amigas desses povos, percebendo como é importante o Brasil saber conviver com eles". Com essa finalidade, Munduruku (p. 7) afirma que escreveu uma "[...] 'enciclopedinha', que mostra um pouco da riqueza e da sabedoria de algumas culturas indígenas no Brasil".

Além disso, na folha de rosto, aparece o título com um subtítulo: *Um guia de pesquisa*. Sendo uma enciclopédia, espera-se que traga uma descrição e esclarecimentos sobre fatos da vida indígena no Brasil e seja uma fonte de consulta sobre o tema. Isso o texto faz: dividido em duas partes, o livro traz na primeira parte informações sobre os povos indígenas brasileiros, as línguas dos povos indígenas e a legislação indigenista; na introdução da segunda parte, o autor afirma que será feita uma inserção na cultura indígena, o que implica descrever o estilo de vida dos povos indígenas. No entanto, no verbete "Alimentação", é incluído um mito tupi, "Mandioca – O pão indígena"; em "Instrumentos musicais", após uma descrição dos instrumentos musicais utilizados em situações diferentes, foi inserida uma narrativa, "O mito das flautas sagradas Munduruku"; e, no verbete "Mitos e cosmologias", foram incluídas duas narrativas míticas: a primeira conta "Um mito Munduruku – Como surgiram os cães", e a segunda conta a "História do Dia". Estas narrativas não compõem, normalmente, textos informativos como enciclopédias. Essa composição demonstra novamente o hibridismo dos gêneros literários das obras indígenas.

Para ainda outro exemplo do hibridismo ou da miscigenação de gêneros na literatura indígena, remeto novamente à obra *The man made of words*, de N. Scott Momaday. Essa obra, publicada em 1997, é composta por 32 ensaios e artigos acadêmicos. A fim de situar o leitor não índio no espaço do seu texto, no prefácio da obra, Momaday esclarece que há unidade na aparente fragmentação do livro; e a leitura do texto sugere que há na obra a integração de vários gêneros textuais.

Um narrador subjetivo assume a voz narrativa, mas isso não significa que vozes coletivas também não se manifestem nesse discurso. Ao escrever sua história pessoal, o autor/narrador escreve a história do índio de etnias localizadas no espaço conhecido como Estados Unidos da América, assim como a história de índios de outras etnias americanas; portanto, a autobiografia é história, a história é memória, e a memória garante existência e sobrevivência a todas as culturas indígenas.

No prefácio da mesma obra, Momaday também apresenta duas questões ao leitor: o universo das textualidades indígenas e o papel exercido pelo contador de histórias. O narrador/autor aponta para o fato de as histórias indígenas serem curtas devido a um aspecto que faz parte de uma configuração estética ou de um estilo étnico de narrar: a concentração.

Ademais, a tradição oral é recriada no espaço da página de um livro. As histórias criadas não visam simplesmente à leitura de informação ou ao entretenimento, mas se transformam em realidades; as categorias ocidentais de verdadeiro ou falso não se aplicam às histórias ou aos mitos indígenas, que exercem a função de arquivo ou documento cultural que fornece as bases das sociedades tribais.

Em função de seu trânsito entre tradições, Momaday destaca em *The man made of words* as contribuições da oralidade e da escritura para a produção literária. Utilizando a mesma matéria, a palavra, em diferentes suportes, a voz e a impressão da voz, as tradições oral e escrita integradas garantem a continuidade das narrativas indígenas milenares.

O texto de Momaday sugere a complementaridade dessas tradições; assim, as textualidades indígenas – híbridas e multimodais – resultam de negociações entre a palavra que evoca a memória ancestral e a palavra que permite a divulgação das culturas tribais, bem como a comercialização dos textos indígenas pelo mercado editorial.

A literatura indígena e o letramento literário

Em uma tensão produtiva, a escritura indígena criada não só nas últimas décadas, mas ao longo de toda sua tradição poética, faz parte da literatura das Américas.

Como tal, deve ser incluída e estudada nos espaços institucionalizados do saber. A circulação de textos produzidos pelos índios na escola constitui a primeira etapa de promoção da diversidade de seus conhecimentos e escritura. Para que sejam percebidos e interpretados segundo seus critérios de validação, letramentos adequados precisam ser desenvolvidos para a compreensão desses textos.

Como já discutido, as textualidades indígenas são multimodais e trazem para o universo impresso elementos visuais. Estes podem constituir textos independentes; são formas de narrar, contam histórias sem precisar da palavra impressa; também são marcações textuais de autoria, ora coletiva, ora individual.

Segundo Marta Morais da Costa (2007, p. 71), "há uma relação estreita entre a imagem do livro, a imagem no livro e a imagem que as palavras formam na mente do leitor ao ler qualquer texto. Todas essas imagens constituem representações do mundo e da história". Em qualquer texto, essa condição relacional de leitura deve ser considerada, mas no texto indígena ela pode ser vista como fundamental.

Os títulos das obras indígenas fazem referência a contos, lendas, mitos, crônicas, romances. O que tais categorias significam na poética extraocidental? Este é um desafio a ser considerado, principalmente devido ao hibridismo, constitutivo de todo texto, seja ele canônico ou não.

> É no âmbito de tensões relacionais que se podem examinar os textos indígenas; em vez de procurar identificar as características de uma categoria – conto, crônica, autobiografia –, o leitor pode perceber como as configurações textuais dialogam e renovam umas às outras.

Vários marcadores compõem os textos literários e devem ser lidos para que se vislumbre ao menos parte de sua dimensão, tais como: título, subtítulo, créditos, dedicatória, prefácio, posfácio, referências, notas biográficas, etc. Esses marcadores também devem ser observados nos textos indígenas.

Algumas obras indígenas são ainda metatextos. Elas apresentam não só a narrativa, mas tratam da escritura indígena.

Além dos marcadores mencionados, outros tornam-se foco de atenção, como é o caso dos marcadores de autoria, já mencionados neste capítulo. Esses marcadores podem estar espalhados ao longo do texto, não aparecem somente como nome na capa do livro e precisam ser observados nas obras indígenas para que o leitor perceba o quanto há de autoria coletiva e autoria individual em uma obra.

O texto indígena pode ter sido escrito não por duas mãos, mas por cem mil vozes ou mais. Essas vozes narraram até o momento em que sua palavra-voz-imagem se fez palavra-letra-imagem. Desenhos geométricos localizados, por exemplo, ao longo da margem do texto podem sinalizar a autoria coletiva, invisível para olhos não ensinados a percebê-la.

Símbolos são também utilizados de forma recorrente em muitas obras indígenas, tais como cobras ou serpentes e teias.

Caminhos para leitura

Como há literaturas indígenas, não só nas Américas mas por todo o globo, outras classificações e leituras das textualidades indígenas são possíveis. Porém, para os objetivos deste livro, é importante estar atento às questões referentes à categorização dos textos indígenas, aos seus gêneros e à autoria. Para tanto, é preciso considerar as observações feitas por seus autores ou tradutores em prefácios, posfácios, notas, para que esses elementos sejam interpretados dentro de tradições literárias extraocidentais como um todo, mas também na singularidade de expressão de cada nação, autor e texto.

Estudar a literatura mundial, a literatura de um continente ou nação significa conhecer não só os textos canônicos, mas também os textos geralmente considerados periféricos, que oferecem um panorama da literatura produzida como um todo. Esses textos, especialmente os textos indígenas, apresentam desafios, mas também são instigantes: pela gama e pelo hibridismo de gêneros, por sua multiplicidade de linguagens e culturas criadoras e, possivelmente, pela diversidade de suas convenções discursivas.

As narrativas eurocêntricas traduzem os índios como objeto-valor ou antivalor, conforme projetos político-econômicos definidos pelas comunidades que detêm o poder. Já as textualidades indígenas, apesar de produzidas a partir de projetos de resistência ao discurso colonizador, encontram-se inseridas nas sociedades hegemônicas. Isso demonstra a situação contraditória na qual a discursividade indígena está colocada.

Os índios contrapõem identidades autoatribuídas àquelas provenientes do mundo ocidental, mas utilizam os meios de produção, circulação e divulgação ocidentais para que seus textos alcancem o público-alvo ao qual se destinam. Provavelmente, conduzem a uma revisão de conceitos, perspectivas e relações com a alteridade.

As identidades construídas para e pelos índios – múltiplas, híbridas – bem como sua literatura, aceitam contradições. São dinâmicas e despertam consciências, como aponta um trecho do poema intitulado "Identidade indígena", de Eliane Potiguara (2004, p. 103):

> [...]
> Mas não sou eu só
> Não somos dez, cem ou mil
> Que brilharemos no palco da História.

Seremos milhões, unidos como cardume
E não precisaremos mais sair pelo mundo
Embebedados pelo sufoco do massacre
A chorar e derramar preciosas lágrimas
Por quem não nos tem respeito.
A migração nos bate à porta
As contradições nos envolvem
As carências nos encaram
Como se batessem na nossa cara a toda hora.
Mas a consciência se levanta a cada murro
E nos tornamos secos como o agreste
Mas não perdemos o amor.

Eliane Potiguara, Daniel Munduruku e N. Scott Momaday, entre outros autores indígenas, contadores de histórias, formados no contato com as tradições estéticas tribal e ocidental, constroem textos de resistência política e literária. Os autores indígenas negociam com a sociedade hegemônica um novo lugar para tornar visível a história, a textualidade e a identidade indígenas. Eles mostram como os índios podem, ao assumir controle da narrativa, redefinir seu passado, presente e futuro, na literatura e no mundo.

CAPÍTULO 4
TEXTOS INDÍGENAS CONTAM A HISTÓRIA DO BRASIL

> *Quando chegaram as Grandes Canoas dos Ventos (as caravelas portuguesas), tentaram banir o espírito do tempo, algemando-o no pulso do Homem da civilização. Dessa época em diante, o Tempo passou a ser contado de modo diferente. Esse modo de contar o tempo gerou a História, e mesmo a História passou a ser contada sempre do modo como aconteceu para alguns e não do modo como aconteceu para todos.*
> (Kaka Werá Jecupé, *A terra dos mil povos*)

Quando o Novo Mundo nasce para o Mundo, na verdade não há um encontro da Europa com a América, mas sim de fragmentos de culturas europeias e americanas. Gruzinski (2001, p. 87) indica que "não eram 'culturas' se encontrando, mas fragmentos da Europa, América e África. Fragmentos e estilhaços que, em contato uns com os outros, não ficavam intactos por muito tempo".

Uma versão desse encontro tornou-se conhecida, narrada por fragmentos de culturas europeias. Até o momento em que outras versões começaram a ganhar voz e vez no espaço de construção do conhecimento, essa versão manteve-se por séculos como a "verdade" histórica.

Hoje, outras versões do "encontro" vêm à tona. Pautadas na leitura crítica de diferentes documentos, inclusive na literatura indígena produzida na contemporaneidade, essas narrativas visam apontar a visão que os povos indígenas têm do contato com outras culturas e sua contribuição para a construção de histórias locais e nacionais.

Ao assumir a narrativa da História, o índio passa do falar do ventríloquo para uma etapa em que a "pele silenciosa" se transforma em "pele sonora", cuja voz ecoa pelo mundo.

A escritura indígena brasileira: instrumento de visibilidade e resistência

Ao narrar suas versões da História brasileira por meio de textualidades literárias, os autores indígenas contemporâneos expressam consciência do poder da escrita para sua inserção como agentes de construção de um passado, de um presente e possivelmente de um futuro na Grande História nacional.

Editados em língua portuguesa, ou bilíngues (em língua nativa e portuguesa), hoje, os relatos históricos indígenas alcançam um público leitor urbano, cosmopolita, que passa a redimensionar sua própria História pelo olhar indígena. Nasce, então, outra História, paralela àquela celebrada pela colonização europeia, que documenta e discute a ação e interação dos povos ameríndios no continente.

Nos seus relatos, as comunidades indígenas deixam seu papel estereotipado, passivo, de coadjuvante na História do continente. Mais que isso: mostram que os "fatos" históricos informam tanto pela descrição de acontecimentos quanto pela visão que orienta a narrativa desses acontecimentos. Hoje a historiografia nos ensina que nenhum de nós, em momento algum, teve ou tem acesso a fatos históricos, apenas a narrativas sobre eles.

Enquanto a História narrada pelo europeu relegou o índio a uma vida "sem história", as contranarrativas indígenas preenchem vazios e, ao fazê-lo, constroem novas e distintas versões sobre seus povos. Em outras palavras, novos começos são propostos, por novos cronistas; seus relatos reportam-se a memórias ancestrais transferidas da oralidade para a escritura impressa.

A literatura indígena como contranarrativa

Ao abrir o livro *A terra dos mil povos: história indígena do Brasil contada por um índio*, de Kaka Werá Jecupé (1998), o leitor encontra – sob o título e nome do autor – a finalidade da publicação do texto: "Esta obra foi escrita com o objetivo de contribuir para a consolidação do Instituto Nova Tribo, voltado para o resgate e a difusão da sabedoria ancestral indígena brasileira".

Portanto, o leitor, provavelmente não índio, percebe que o livro faz parte de um projeto que visa trazer para a contemporaneidade saberes ancestrais, não vinculados a apenas uma, mas a várias etnias indígenas. A expressão "terra dos mil povos" sinaliza outra característica do livro: o destaque dado à pluralidade dos grupos étnicos brasileiros. Já a escolha do termo "contada" remete à tradição oral, integrada ao texto escrito.

A terra dos mil povos inclui um prefácio, bem como um posfácio, e a obra está dividida em quatro partes: "A terra dos mil povos"; "A invenção do tempo 1500"; "Pequena síntese cronológica da história indígena brasileira"; e "Contribuição dos filhos da terra à humanidade".

O prefácio apresenta a identidade do narrador do texto e discute a denominação *índio* imposta pelo colonizador europeu. Já as quatro partes que formam o corpo do texto seguem uma trajetória que se propõe divulgar ao não índio conhecimentos diversos sobre a presença indígena no Brasil: seu encontro com o não índio, a história indígena silenciada nos livros de História ocidental, bem como as contribuições indígenas para a humanidade.

Em seu prefácio, Jecupé anuncia também um projeto político. Esse projeto está voltado para o esclarecimento do não índio, que acredita que a história do Brasil se inicia em 1500, e também dos parentes que desconhecem a própria história. A nova tribo que Jecupé espera que floresça o fará a partir do conhecimento ancestral e de uma percepção da diversidade cultural.

Jecupé (1998, p. 14), autor e narrador, faz referência a estudos de antropólogos sobre o número de povos ou nações indígenas no Brasil.

Seu texto contabiliza 206 povos indígenas, sobre os quatro troncos culturais (tupi, karib, jê e aruak) dos quais se ramifica uma variedade de dialetos indígenas.

Segundo o autor, o ramo tupi "ultrapassou os limites da floresta e penetrou na civilização ocidental que aqui se instalara no século XVI, influenciando hábitos, línguas e técnicas que até hoje persistem no cotidiano brasileiro". Pode-se, pois, afirmar que Jecupé escreve um discurso histórico-pedagógico, voltado para a divulgação de informações, de esclarecimentos e ensinamentos relativos a algumas culturas tribais.

O autor encerra o prefácio com um texto intitulado "Índios: os negros da terra", que apresenta uma revisão da história colonial brasileira e faz também uma crítica à denominação pelo outro:

> Segundo os historiadores, quando Cristóvão Colombo saiu da Espanha com destino à Índia e chegou à América, enganou-se, chamando os filhos dessa terra de índios. E o termo "índio" acabou sendo com o tempo adotado para designar todos os habitantes das Américas. No Brasil, no entanto, no início do chamado "descobrimento", os povos daqui eram chamados negros, por não serem brancos como os portugueses, franceses, holandeses e espanhóis que aqui transitavam, e por lembrarem os africanos, já conhecidos daqueles povos. Eram os negros da terra, assim conhecidos nos primeiros séculos após a chegada dos portugueses, principalmente na região de São Paulo. Contudo, a nomeação variava de lugar para lugar. Na região baiana, onde eram escravizados ou aliciados para tirar o pau-brasil, ficaram conhecidos como brasis, ou brasilienses. Ou seja, gente da terra do pau-brasil [...] (JECUPÉ, 1998, p. 15).

Por meio de um discurso que propõe uma revisão da história, Jecupé comenta sobre a denominação indígena fundamentada no equívoco e no preconceito. A denominação do nativo pela cor da pele ou pelo trabalho escravo realizado demonstra o etnocentrismo presente na prática de nomeação do outro pelo europeu.

Portanto, o prefácio da obra *A terra dos mil povos* apresenta a autodenominação indígena como um valor, como representação de uma interioridade irredutível e como desafio à tentativa de manipulação e sujeição constantes. A autodeterminação surge contraposta a denominações impostas pelo outro no encontro colonial.

Tal contraposição remete à "leitura em contraponto" proposta por Said (1995, p. 104), que "[...] deve considerar ambos os processos, o do imperialismo e o da resistência a ele, o que pode ser feito estendendo nossa leitura dos textos de forma a incluir o que antes era forçosamente excluído".

O texto de Jecupé pode estar vinculado à "leitura em contraponto" pelo fato de que o discurso imperialista não é apagado, mas discutido. Isso conduz a uma reflexão sobre os processos do imperialismo e da resistência que envolvem a produção textual indígena; ao tratar da autodenominação, a nomeação do índio pelo outro – europeu – também deve estar presente.

Outro elemento importante na narrativa histórica indígena é a memória ancestral. Segundo Jean-Yves Tadié e Marc Tadié (*apud* ZILBERMAN, 2005, p. 165-166), a memória "permite que tenhamos uma identidade pessoal: é ela que faz a ligação entre toda a sucessão de eus que existiram desde nossa concepção até o momento presente". Sendo assim, os múltiplos eus das identidades individuais dos índios, e mais especificamente dos autores indígenas, bem como os múltiplos eus dos grupos indígenas (cada qual construído com características distintivas) encontram expressão pela recuperação de memórias ancestrais.

Ainda, o texto *A terra dos mil povos* traz uma cronologia da História brasileira a partir de 1500.

O texto traz, na sua margem direita, uma marcação de conhecimento ancestral e provável autoria coletiva pela presença de figuras geométricas. O próprio autor explica (1998, p. 26), em momento anterior de seu texto, que "A memória cultural também se dá através da grafia-desenho, a maneira de guardar a síntese do ensinamento, que consiste em escrever através de símbolos, traços".

> a terra dos mil povos
>
> 1500 — Cabral encontra os Tupinikim, da grande família tupinambá (tronco tupi-guarani) que ocupava quase toda a costa, do Pará ao Rio Grande do Sul.
>
> 1501 — Instalação das primeiras feitorias portuguesas no Brasil (Cabo Frio, Bahia, Pernambuco) para o tráfico do *pau-de-tinta* e escravos.
>
> 1511 — Em Cabo Frio, a nau *Bretoa* embarca 35 escravos índios para a metrópole. Incursões de corsários franceses interessados em pau-brasil.
>
> 1531 — Expedição de Martim Afonso de Souza e Pero Lopes de Souza de reconhecimento e posse da terra.
> Endurecimento dos termos de intercâmbio (escambo) de produtos nativos por manufaturas européias.
> Contingenciamento da mão-de-obra indígena para todo tipo de trabalho, ainda através do escambo.
> Mais embarque de escravos para Portugal.
>
> 1534 — Implantação do regime de capitanias hereditárias. Aumenta a imigração de colonos, atentando contra a mulher indígena, a posse da terra e a liberdade dos índios.
>
> 1537 — Breve papal de Paulo III proclama os índios "verdadeiros homens e livres", isto é, criaturas de Deus iguais a todos.
>
> 1540 — Reações dos Tupy à conquista: 12.000 índios emigram da Bahia ou Pernambuco; somente 300 chegam a Chachapoya, no Peru.
> Sessenta mil Tupinambá fogem da opressão portuguesa, exaurindo-se pelo caminho, até atingir a foz do Madeira (1530 – 1612).
>
> 1547 — Os Carijó, grupo guarani da capitania de São Vicente, são assaltados por preadores de escravos e vendidos em várias capitanias. Para escapar à escravização, tribos guerreiam entre si, arrebanhando escravos para a indústria canavieira.
>
> 73

FIGURA 8. Extraída de Jecupé (1998, p. 73).

Quanto à versão da História contada por essa cronologia, que vai de 1500 a 1998 (data da publicação da obra), o foco desloca-se do colonizador e passa para o índio. A História do Brasil é colocada então sob nova perspectiva, pela inclusão de informações e estatísticas muitas vezes ignoradas ou apagadas.

Por exemplo, a cronologia traz dados sobre migrações forçadas de índios, sobre massacres e epidemias. Também sinaliza resistência às tentativas de expulsão da terra, faz referência a leis e projetos de interesse dos índios e menciona nomes de índios das mais variadas etnias que se destacaram entre seus pares, principalmente nas últimas décadas. Essas informações, mesmo breves, redirecionam o olhar de índios e não índios para uma História que todos compartilham e não devem ignorar ou silenciar.

Outra obra indígena já mencionada, *O banquete dos deuses: conversa sobre a origem da cultura brasileira*, de Daniel Munduruku, está também relacionada à inserção de novos começos na História brasileira.

Assim como o livro anteriormente analisado, o de Munduruku também problematiza a origem dos povos das Américas e a tese do descobrimento do continente por Colombo. O texto ainda discute as relações entre índios e não índios. Com relação à reconstrução da História nacional, Munduruku (2000, p. 57) afirma:

> Essa terra tinha dono. Mas não um dono no sentido capitalista. Talvez fosse melhor dizer que essa terra tinha Guardiães. Ela não pertencia a ninguém, mas servia a todos com igual valor. Vimos que a pré-história brasileira imperialista é, na verdade, a história de mais de mil povos diferentes que já caminham sobre ela há muitos milênios.

Diferentemente do texto de Jecupé, Munduruku propõe uma reflexão sobre uma dimensão maior da História das Américas e uma possível visão dessa História dividida em etapas pré-colonial e pós-colonial. Isso significa que a etapa anterior à colonização não foi desprovida de civilizações no continente. O fragmento mencionado também discute a ideia de propriedade, de forma a mostrar que a ideia de posse é cultural. No caso das culturas indígenas, não se refere à terra, compartilhada por todos.

Além das obras citadas, outras questionam o passado dos povos das Américas e a forma como esse passado foi registrado e narrado. Afinal, como indica Gabriel Perissé (2011, p. 42), "O passado é aquilo que não passou. É aquilo que permanece em forma de influência, de lembrança, de conselho, de saudade, de lição, de arrependimento e de inspiração".

Seguindo a inspiração dos narradores indígenas, proponho a seguir algumas leituras e atividades que possam ser desenvolvidas pelo professor do Ensino Médio, a fim de promover não só a leitura de textos indígenas dentro de sua especificidade, mas também a prática de leitura transdisciplinar. Assim, a discussão sobre a História do Brasil e dos povos das Américas, no passado e no presente, amplia-se e, a partir da literatura, passa a promover reflexões críticas em outras disciplinas do currículo escolar e áreas do conhecimento, tais como História, Geografia e Língua Portuguesa.

Reafirmo a importância do trabalho de inserção de outras versões da História do Brasil e das Américas. A História é de todos, e não de alguns, e merece ser contada na sua multiplicidade de versões. Segundo Cordeiro (2006, p. 73), remetendo a Nafisi, "Nem sempre a literatura apazigua. Curiosamente, alguns escritores acabam nos levando a questionar nossas realidades, sobre as quais nos sentimos terrivelmente impotentes". Acredito que os escritores indígenas, ao redimensionarem a presença do índio na História brasileira, desafiam a todos, índios e não índios, a também redimensionarem suas histórias pessoais, quem delas faz parte, quem é lembrado ou esquecido, como cada história pessoal se integra à História da nação, e como cada um contribui para que esta História seja contada no presente e no futuro.

Sugestões de bibliografia

Menciono a seguir algumas obras da literatura indígena brasileira que estão relacionadas ao tema da revisão da História do Brasil sob o olhar do índio. Contudo, elas são sugestões. Outras obras indígenas sobre o tema podem ser encontradas, tendo o professor liberdade para realizar suas pesquisas, buscas e fazer suas descobertas:

1. JECUPÉ, Kaka Werá. *A terra dos mil povos: história indígena do Brasil contada por um índio*. São Paulo: Peirópolis, 1998. (Série Educação para a Paz).

2. JEKUPÉ, Olívio. *Literatura escrita pelos povos indígenas*. São Paulo: Scortecci, 2009.

2. MUNDURUKU, Daniel. *O banquete dos deuses: conversa sobre a origem da cultura brasileira*. São Paulo: Angra, 2000.

3. MUNDURUKU, Daniel. *O Karaíba: uma história do pré-Brasil*. Barueri: Manole, 2010.

4. POTIGUARA, Eliane. *Metade cara, metade máscara*. São Paulo: Global, 2004. (Série Visões Indígenas).

Sugestões de atividades

Práticas leitoras: O índio brasileiro na História

Parto do pressuposto de que as *atividades leitoras* devem envolver, inicialmente, *contextualização*, como uma fase *pré-leitura*, para que façam sentido para os alunos. A etapa de contextualização não precisa, necessariamente, acontecer na mesma aula em que o texto escolhido será debatido. A leitura e a interpretação do texto literário tornam-se mais produtivas quando realizadas em etapas, para que os alunos tenham tempo de pesquisar sobre os contextos da obra. Isso contribui tanto para a construção de conhecimento quanto para o aprender a aprender. Após a contextualização, atividades específicas, pertinentes a cada obra, podem ser desenvolvidas. Essas atividades, inseridas em fases *durante e pós-leitura*, visam manter o interesse, o foco e a reflexão sobre a obra literária.

O professor ainda pode escolher entre utilizar sequências didáticas básicas ou estendidas que atendam aos interesses e às necessidades específicos do seu grupo de alunos, considerando que a literatura desafia e produz muito mais que conhecimento, pois promove formação intelectual e humanística.

As atividades aqui propostas podem ser aplicadas a todos os livros de literatura indígena, podendo o professor fazer suas escolhas sobre o material a indicar para leitura para seus alunos. O professor deve considerar os interesses dos alunos por certas temáticas e linguagens, o tempo de que dispõe para trabalhar com os textos indígenas e as estratégias mais adequadas para que o letramento literário se realize.

Não há necessidade de utilizar todas as etapas de forma rígida. As atividades propostas podem ser desenvolvidas de forma independente, não havendo, necessariamente, relação entre atividades que contêm o mesmo número.

Etapa de Pré-leitura

1. Como preparação para a leitura, pode ser utilizado o título do livro selecionado para que se discuta as seguintes questões:

    a) Como os alunos veem a presença do índio na História das Américas; quais os papéis por ele exercidos: vítima, vilão, amigo, inimigo?

    Esta questão visa a promover uma reflexão sobre os estereótipos construídos sobre o índio e quais permanecem no imaginário.

    b) Quais textos literários que fazem referência ao índio são conhecidos dos alunos?

    Esta questão faz com que os alunos reflitam sobre seu repertório e sobre a forma como o discurso constrói a imagem do índio, dependendo da localização do autor (no caso das crônicas) ou da visão estética (criação de uma identidade literária nacional, como no período romântico brasileiro), por exemplo.

    c) Quantos e quais eram os povos indígenas no período da colonização e quantos e quais existem hoje?

    Esta pergunta pode ser utilizada para que seja feita uma pesquisa e, pelas respostas, se perceba a diversidade cultural e linguística dos povos ameríndios, bem como sua presença na época atual, desconstruindo a ideia de que os índios pertencem ao passado do Brasil.

    e) O que um índio poderia narrar sobre a História do Brasil?

    Esta pergunta pode levar à percepção de que a construção da História envolve a seleção de acontecimentos e perspectivas pelas quais são narrados.

f) Como a História seria narrada por um índio: como é contada por um autor cuja obra faz parte da lista de obras estudadas em aula?

As duas últimas questões provocam uma reflexão e debate sobre o conteúdo temático das obras indígenas, bem como sobre o modo de narrar do índio.

2. Como forma de contextualização da leitura, pode ser discutido o título do livro e sua referência à origem da cultura brasileira:

a) Qual pode ser essa origem?

b) Existe uma origem da cultura brasileira, ou existem muitas?

Estas questões propõem um debate sobre a localização temporal ou espacial das origens da cultura brasileira.

Ressalto a importância da pesquisa para que os alunos possam responder as questões propostas, que podem tornar-se também ponto de partida para a realização de projetos que venham a ser desenvolvidos pelos alunos em grupos e apresentados sob a forma de seminários ou criação de pôsteres, dependendo da motivação, do engajamento dos alunos nas atividades e do tempo disponível.

Uma pesquisa pode ser realizada também sobre:

a) as contribuições dos povos indígenas para a formação do povo e da cultura brasileiros;

b) as contribuições dos povos indígenas para a língua portuguesa;

c) as contribuições dos povos indígenas para a relação do homem com o meio ambiente, etc.

A série "O povo brasileiro", baseada na obra de Darcy Ribeiro, pode ser utilizada para auxiliar na contextualização da leitura. Um dos capítulos da série sobre a formação do povo brasileiro trata da questão dos índios.

3. A fim de chamar a atenção para os elementos visuais do texto, o professor pode propor que os alunos:

a) observem as imagens do texto e selecionem uma para ler e interpretar;

b) relacionem as imagens às palavras-chave do texto lido;

c) observem se há marcações de autoria individual e coletiva do texto;

d) observem grafismos indígenas que indiquem quais símbolos são enfatizados pela cultura indígena do autor do texto.

Os alunos podem formar pequenos grupos para discutir os elementos propostos, de forma que compartilhem conhecimentos e percepções e para que contribuam para o letramento uns dos outros.

4. Para tratar da questão da inserção do índio na História do Brasil e como conta sua versão desta História, pode ser sugerida a leitura de um fragmento do poema: "Brasil" (Potiguara, 2004, p. 34-35):

> BRASIL
> Que faço com a minha cara de índia?
>
> E meus cabelos
> E minhas rugas
> E minha história
> E meus segredos?

a) Na pré-leitura, pode ser discutida essa estrofe do poema para que seja enfocada a pergunta do poema: "Que faço com a minha cara de índia?".

Os alunos podem debater o significado de "cara de índia", seus possíveis estereótipos e como estes afetam a autoestima e as relações da personagem na sociedade.

b) Pode ser proposta uma pesquisa de poemas sobre o Brasil e sobre a História do Brasil. Os alunos podem discutir se algum dos poemas pesquisados é de autoria indígena. Caso nenhum deles tenha sido escrito por um índio, o professor pode propor uma sequência da pesquisa, para que busquem e compartilhem, por meio de pôsteres ou apresentação, poemas ou outros textos escritos por indígenas sobre o Brasil.

Etapa Durante a leitura

O texto dos autores indígenas pode ser lido em sua totalidade. Também é possível selecionar trechos para leitura e discussão, ou, ainda, solicitar que os alunos trabalhem em grupos, e que cada grupo leia uma parte do texto, que será então discutida com os demais alunos da turma.

1. Na etapa de realização da leitura propriamente dita, alguns aspectos podem ser enfocados:

    a) Quais as informações novas que o texto traz?

    b) Como o conteúdo é apresentado: sob a forma de relato, conto, texto informativo, biografia?

    Esta questão focaliza a questão do gênero literário, muito importante para revisão dos gêneros canônicos e para a percepção do hibridismo das obras canônicas ocidentais e das obras extraocidentais.

2. O professor pode ainda solicitar que, enquanto realizam a leitura, os alunos selecionem frases que lhes são significativas porque surpreendem, trazem novas perspectivas, novos conhecimentos ou reforçam pontos já trabalhados ou discutidos em aula.

    Os alunos podem sublinhar frases que os tenham de alguma forma surpreendido, para comparar com os colegas o que cada leitor destacou no texto e por que determinada frase chamou sua atenção.

3. Para focalizar outros aspectos de leitura, pode ser proposto observar:

    a) Quem fala ou narra o texto?

    b) Quais informações são enfatizadas?

    c) Por que tais informações são incluídas?

    d) Qual a consequência dos fatos narrados para a História do Brasil?

4. Enquanto realizam a leitura, os alunos podem observar:

    a) Há perguntas no texto? há respostas para as questões apresentadas?

    b) Quais as palavras-chave do texto?

Etapa de Pós-leitura

1. Após a leitura do texto completo ou de trechos da obra, podem ser propostas as seguintes questões para debate:

a) A leitura do texto indígena provocou algum tipo de transformação na maneira como a História do Brasil é contada?

b) Além da História indígena, quais outras Histórias não são lembradas ou incluídas na História brasileira geralmente conhecida? Como tais Histórias poderiam ser narradas?

2. Esta etapa pode também envolver a realização de projetos, vinculados, por exemplo, às outras Histórias excluídas da grande narrativa da História brasileira. Estas outras Histórias, dos afrodescendentes, imigrantes e migrantes, podem ser pesquisadas e apresentadas por meio de ilustrações, pôsteres, apresentações musicais, dramatizações ou construções de linhas cronológicas.

3. As seguintes questões podem ser sugeridas para debate:

a) Como o texto selecionado se diferencia de outros textos que contam a origem da cultura brasileira?

b) Além do passado mais distante, que fatos do passado mais próximo são mencionados no livro? Por que essas informações são incluídas?

Estas questões podem despertar uma reflexão sobre as leituras que compõem o repertório dos alunos de forma a estabelecer conexões entre elas. A segunda questão promove uma discussão sobre a presença do índio na História do Brasil atual e sobre a relação do índio com o não índio.

4. Para concluir a leitura, podem ser propostos:

a) debate sobre as questões sugeridas na etapa durante a leitura;

b) tradução do texto da escrita para outra linguagem, como a música ou performance/dramatização.

Vale a pena: Sugerir aos alunos que criem um Diário de Leituras para que desenvolvam a leitura crítica do texto literário indígena. Eles podem refletir com o grupo e individualmente sobre o texto lido e fazer apontamentos sobre:

a) o que se destaca no texto;

b) frases memoráveis;

c) questões despertadas;

d) obras com as quais o texto lido dialoga.

CAPÍTULO 5
TEXTOS INDÍGENAS CONTAM O ÍNDIO

> *Penso comigo: o que estarão pensando?*
> *Esforço-me para penetrar em seus pensamentos.*
> *Afinal, um descendente de índios selvagens,*
> *descendente de seres mitológicos, índios, está*
> *postado diante deles, de calças, camisa e sapatos.*
> *Nesse momento, a imaginação desse povo*
> *simples voa pelo mundo da fantasia.*
> (Daniel Matenho Cabixi, "Sou índio")

Cada vez que nos questionamos acerca de quem somos, deveríamos também nos perguntar *onde, quando, com quem* e *por que somos*. A(s) identidade(s) e o processo de autoconhecimento estão vinculados a espaços de pertencimento e circulação, ao deslocamento no tempo, a uma intencionalidade, aos papéis exercidos na sociedade e às relações construídas com o outro.

A percepção de uma identidade que deixa de ser fixa e única para ser vista como móvel e múltipla é essencial para a discussão de questões relativas à construção da identidade do índio. Isso é necessário principalmente em um mundo caracterizado pela diáspora, ou seja, por um processo de desenraizamento e sensação de não pertencimento constantes.

Moita Lopes e Bastos (2002, p. 14) afirmam que a discussão sobre a identidade, sobre o qual se debruçam estudiosos de Ciências Humanas e Sociais,

[...] é um reflexo das grandes mudanças sociais, culturais, políticas, econômicas e tecnológicas que vivemos, que têm trazido à tona, no dia-a-dia, a problemática dos gêneros, das sexualidades, das nacionalidades, das etnias, dos territórios, das subjetividades, das diferenças, das identidades profissionais [...].

Assim, refletir sobre o processo de construção da identidade significa relativizar também a noção de etnia, geralmente estereotipada.

A identidade étnica pode ser vista como uma ficção, uma construção feita a partir de observações acerca de traços físicos, costumes, origem e localização, fundamentada na diferença. Ela também pode ser vista como construção feita pelo outro, ou mesmo ser uma ficção construída pela própria comunidade. Por exemplo, um determinado grupo pode vir a manter-se unido devido à construção de um passado mítico comum, ao culto a figuras representativas desse passado e suas respectivas ações.

Quem se considera índio?

A identidade étnica é processo, é mutável. Hoje, com a globalização, esse fenômeno tornou-se mais visível ainda. A forma como a identidade muda depende: das relações estabelecidas entre as organizações sociais; de interesses relativos ao momento histórico, político ou econômico vivido pelas comunidades; de uma vontade de pertencimento ao grupo.

Este último fator é, sem dúvida, relevante para a construção identitária como índio. Segundo Geary Hobson (1979, p. 8), há várias maneiras de se considerar índio: por um reconhecimento da comunidade indígena, por um reconhecimento do não índio, por uma decisão governamental, ou por uma decisão individual.

O autor também destaca que os indígenas podem ser definidos genética ou culturalmente: como "puros" (*full-bloods*), "mestiços" (*half-bloods*) ou tendo percentuais menores de "sangue indígena"; considerados índios por causa de seu lugar de origem, de sua família, por sua visão de mundo, de suas crenças, e assim por diante.

Os índios e suas "múltiplas carteiras de identidade"

A leitura da História dos povos ou "nações" indígenas pode envolver uma grande narrativa construída para criar a impressão de que os índios das Américas têm uma identidade comum e formam uma cultura única; porém, não há *muitos* como *um*, mas *muitos* como *muitos*.

As identidades dos índios – como todas as identidades – são híbridas, construídas na des/reterritorialização e no imbricamento de um mundo globalizado. Gumbrecht, ao se deparar com a questão da identidade, apresenta a seguinte reflexão, comentada por Olinto (2002, p. 258):

> Para Hans Ulrich Gumbrecht (1999), a questão da identidade – formulada a partir da pergunta jocosa e retórica: "É possível pensar e viver sem identidade?" – deveria ser minimizada, no mundo atual, pela distribuição de múltiplas carteiras de identidade que, assim, poderiam atestar os inumeráveis processos e superposições identitárias que hoje, por assim dizer, fazem parte de uma normalidade (p. 115), pois nessas novas práticas literárias, fundadas sobre territórios flexíveis, sem margem, de fronteiras negociáveis, privilegiam-se estatutos do impuro, do bastardo, do mutante, porque as experiências de separação, de desenraizamento e metamorfose transformaram-se em metáfora válida para os indivíduos contemporâneos que as vivenciam em sua experiência cotidiana do mundo.

As "múltiplas carteiras de identidade" representam bem a pluralidade interior do índio como sujeito "pós-moderno", que ora opta por uma construção identitária, ora por outra. *Um* nome não representa todas as suas identidades pessoais, ou suas alteridades.

As identidades são fruto de uma negociação que acontece dentro de todo e qualquer indivíduo, o qual reivindica e encena cada uma de suas identidades conforme as relações que estabelece com o meio e com o outro. Para tanto, utiliza elementos sociais e simbólicos e redimensiona as demandas feitas pelos grupos de pertencimento e de circulação.

Como mencionado, as múltiplas identidades fazem parte do sujeito de grupos hegemônicos e periféricos. Mas, certamente, as construções identitárias que envolvem um maior número de negociações são aquelas representadas pelos grupos diaspóricos, minoritários e marginalizados.

Como indica Hall (2003, p. 76), "Em condições diaspóricas, as pessoas geralmente são obrigadas a adotar posições de identificação deslocadas, múltiplas e hifenizadas". Ao adotar tais posições, o sujeito constrói um eu que se alterna com outros eus, fazendo com que a identidade se torne fluida, móvel.

Raízes existem na construção identitária, mas será que elas imobilizam o sujeito?

A ligação a uma raiz se dá por algum tempo, até que processos internos ou externos provoquem sua movimentação para outra raiz. Nesta se localizará por algum tempo, até que o movimento novamente se inicie; e assim indefinidamente.

Esse movimento contínuo não significa que o sujeito passe de uma raiz a outra abandonando tudo que já fez parte de seu constructo anterior; significa que a um novo constructo são agregados elementos de outras raízes, compondo assim um sujeito com múltiplos enraizamentos e desenraizamentos. Consequentemente, uma coletividade agrega "múltiplas carteiras de identidade", assim como qualquer indivíduo.

Índios em trânsito no mundo

Para tratar dessas identidades móveis, palavras relativas a movimento parecem ser as mais adequadas. A identidade é vista como uma "celebração móvel" (HALL, 1998, p. 13), ou seja, está em andamento, desloca-se e se modifica em função: 1) do momento vivido; 2) do local de onde o sujeito fala; 3) de sua relação com o outro; e 4) de como é visto pelo outro.

A identidade pós-moderna é, portanto, relacional e móvel. Está em trânsito; é um constante "vir a ser". Como propõe Hutcheon (1998, p. 74), "o pós-moderno segue a lógica do 'e/e', e não a do 'ou/ou'", lógica esta que sugere a convivência com várias construções identitárias.

Tal situação pode ser verificada nas biografias e autobiografias dos narradores indígenas.

> Daniel Munduruku nasceu em Belém do Pará. Graduado em Filosofia, é doutor em Educação pela USP. O autor afirma no livro *O banquete dos deuses: conversa sobre a origem da cultura brasileira* (2000, p. 9): "Nasci índio. Foi aos poucos, no entanto, que me aceitei índio". Sua formação acadêmica realizou-se no espaço urbano, mas sua formação como contador de histórias está vinculada tanto à tradição tribal quanto à ocidental. Ao entrevistá-lo para a revista *Nova Escola*, Ricardo Falzetta (2000) escreve: "No braço esquerdo, convivem pacificamente um relógio e uma série de pulseiras feitas com sementes de tucumã (palmeira nativa da Floresta Amazônica). No apartamento em que mora quando está em São Paulo, dividem espaço o computador, alguns bancos vindos do parque do Xingu, o fax, cocares bororos, o telefone celular e plumagens mundurukus".

> Em termos de filiação, Kaka Werá Jecupé é filho de pais tapuias ou txucarramães que deixaram a região do Araguaia e migraram para Minas Gerais. Sendo de tradição nômade, uniram-se aos Guarani da região que migravam para São Paulo, onde Werá nasceu, marcado pelo hibridismo étnico. Foi batizado por Tiramãe Werá, cacique e pajé Guarani, e também recebeu um batismo cristão; assim, Werá tornou-se Carlos Alberto dos Santos. Após peregrinar por aldeias guaranis em uma busca pessoal, voltou para São Paulo, onde foi rebatizado pelo cacique e pajé Guirá-Pepó. Depois de outra peregrinação, para o norte do país, foi batizado nas águas do Rio Tocantins através do povo Krahô, recebendo o nome Txutk (semente de fruto maduro) e se transformando em um *Pahi*, ou seja, um ser-ponte, entre culturas (JECUPÉ, 1998, p. 114-115).

Autores indígenas como esses estão inseridos nas culturas tribal e ocidental e discutem as múltiplas identidades dos índios *em trânsito* no mundo contemporâneo. Além disso, estão vinculados a projetos de esclarecimento e afirmação das comunidades tribais. Vale lembrar que muitos outros autores indígenas compartilham biografias nas quais seu trânsito pelas culturas ocidentais e ancestrais se manifesta.

Identidades indígenas e discurso

O reconhecimento de identidades com um passado (não esquecido), com um presente (um *ser* ou *estar* no momento) e com um futuro (um porvir, ou vir a ser) faz pensar sobre a relação entre o tempo e a construção identitária e, novamente, sobre o movimento incessante desta construção.

Quer a identidade seja construída em sua relação com o tempo, com o espaço, com a alteridade, quer seja construída com qualquer outro fator, esta é sempre elaborada pela linguagem. O discurso tece todas as nossas relações com os mundos interior e exterior, pela narração de histórias pessoais e coletivas.

Augé (1997) apresenta a linguagem da identidade como "uma das duas linguagens constitutivas dos laços simbólicos que tecem a trama do social", a outra linguagem sendo a da alteridade. Para o autor (p. 95)

> A linguagem da identidade é uma linguagem da ambivalência, no sentido de ser ambivalente uma realidade que acumula duas qualidades: pode-se ter uma personalidade na vida privada e ser uma pessoa pública, ser pai e esposo (bom pai e mau esposo, ou o contrário). A linguagem das qualificações ou das identidades "de classe" torna substantivas as categorias e apresenta as questões em termos de inclusão, de acumulação ou de exclusão: sou escocês, portanto britânico.

Se a linguagem da identidade é ambivalente, isso pode indicar que duas forças opostas, e intensas, simultaneamente, estão em conflito no indivíduo, fazendo com que este se sinta atraído ora por uma construção identitária, ora por outra. Como um pêndulo, a construção da identidade de um indivíduo oscila. Mas isso acontece conforme seus espaços de circulação e pertencimento, interesses ou necessidades.

A partir dessa imagem de um pêndulo, pode-se pensar sobre o quanto a identidade é relativa. Ao usar o termo relativo, sigo Augé (1997, p. 99-100), que propõe que esse adjetivo seja visto como relativo a alguma coisa:

> [...] As identidades não são relativas no sentido de que, não sendo absolutas, tornar-se-iam frágeis, provisórias ou efêmeras:

elas são relativas a alguma coisa (a etnia, a nação, a religião). E é exatamente por serem relativas a essa "alguma coisa" que elas afirmam-se através das alteridades que transcendem (e, neste sentido, relativizam) [...].

O jogo linguístico de construção identitária não é solitário: o sujeito não se constrói sozinho; o outro está sempre na base da discussão sobre a identidade. É ele que vai relativizá-la.

O papel das línguas nativas

As línguas nativas exercem um papel essencial na construção identitária das coletividades indígenas. Pela expressão em idiomas nativos, as textualidades indígenas se destacam. Elas revelam modos particulares de ver e ler o mundo. As línguas são construtoras da identidade, como afirma Olívio Jekupé (2011, p. 28) sobre a etnia Guarani, em *Tekoa: conhecendo uma aldeia indígena*: "A língua é o mais forte traço de identidade Guarani. É pela oralidade que educam suas crianças. E também conservam uma linguagem ritual, extremamente elaborada para ocasiões especiais".

A língua nativa e a linguagem ritual constroem elos nas comunidades indígenas, entre gerações. Dessa forma, os mais jovens aprendem e reconhecem as vozes dos antepassados e os membros da comunidade veem sua cultura e identidade fortalecidas.

Por outro lado, Jekupé (2011, p. 28) afirma que "Aqueles que representam a comunidade falam também o português". Essa afirmação indica o dinamismo da localização identitária indígena, que transita entre culturas e línguas. Os índios constroem elos com a cultura hegemônica como participantes da sociedade brasileira; ao mesmo tempo, representam e defendem – pela língua do outro – valores próprios e marcam sua resistência ao controle pelos não índios.

Identidades, espaços e narrativas

Outro elemento também relevante para discutir a questão da identidade é a relação do homem com o espaço. Esta não é mais de fixação, mas de circulação.

O indivíduo *cosmopolita*, ou o cidadão do *mundo*, poderia constituir o emblema de uma nova geograficidade que remete ao *glocal*. Esse termo foi criado para indicar a junção de global e local, do espaço de todos com o espaço de alguns, no qual o *cidadão do mundo* deve sentir-se em casa.

O termo *glocal* sugere o cruzamento de mundos e a criação de uma nova realidade, na qual as fronteiras anteriormente demarcadas caem. O espaço contemporâneo é revitalizado pelo trânsito e pela justaposição dos espaços de pertencimento e circulação.

Em face de tantos deslocamentos, com a diluição de fronteiras, localizações precisam ser renegociadas e conceitos como *casa* e *terra nativa*, cristalizados pela literatura ocidental, podem ser redimensionados. Isso pode acontecer a partir de sua articulação com outros lugares.

Para aqueles que acompanham as mudanças do espaço da casa e passam a vê-lo como um conceito fluido, o lar não está necessariamente entre quatro paredes, nem está marcado por fronteiras geográficas estabelecidas segundo a organização política de uma nação.

As estratégias de construção das identidades dos narradores índios talvez possam ser encontradas nos deslocamentos, de identidade e de lugar. Vale lembrar também da relação espaço-tempo, principalmente quando sua escritura lança sobre a identidade/alteridade um olhar retrospectivo.

Para López (2001, p. 188), "O sentido daquilo que somos ou, melhor ainda, de quem somos, depende em boa parte das histórias que contamos e que nos contamos".

No caso da construção da identidade indígena por sua literatura, as narrativas que contam o índio interpretam as muitas formas de ser índio hoje. Os textos problematizam a visão do índio veiculada pela Grande Narrativa Ocidental (escrita pelo não índio). Eles também dialogam com os textos já existentes e negociam suas formas de narrar entre tradições, recursos e visões de origem ancestral e europeia.

Ser ou não ser índio

Em uma crônica de Daniel Munduruku intitulada "É índio ou não é índio?", o narrador/personagem faz o leitor pensar no dilema hamletiano de "ser ou não ser".

O dilema indígena não está voltado para a questão de continuar ou não a vida, mas possivelmente para a questão de continuar ou não permitindo que estereótipos se mantenham.

Publicado pela primeira vez em 1996, no livro *Histórias de índio*, o texto foi incluído no capítulo "Quanto custa ser índio no Brasil?" no livro *O banquete dos deuses*. Na crônica, há o encontro de um narrador índio com não índios. A dúvida sobre ser ou não índio provém de observadores que não conseguem perceber o hibridismo cultural do nativo. Eles ainda o veem a partir do imaginário europeu e de uma ideologia do déficit, segundo a qual o índio não possui os elementos que caracterizam uma "civilização".

Utilizando o humor como estratégia para a construção de um discurso de resistência, Munduruku (2000, p. 28-29) escreve:

> Certa feita tomei o metrô rumo à Praça da Sé. Eram os primeiros dias que estava em São Paulo e gostava de andar de metrô e ônibus. Tinha um gosto especial em mostrar-me para sentir a reação das pessoas quando me viam passar. Queria poder ter a certeza de que as pessoas me identificavam como índio a fim de formar minha auto-imagem.
>
> Nessa ocasião a que me refiro, ouvi o seguinte diálogo entre duas senhoras que me olharam de cima abaixo quando entrei no metrô:
>
> – Você viu aquele moço que entrou no metrô? Parece que é índio – disse a primeira senhora.
>
> – É, parece. Mas eu não tenho tanta certeza assim. Viu que ele usa calças jeans? Não é possível que ele seja índio usando roupa de branco. Acho que não é índio de verdade – retrucou a segunda senhora. [...]
>
> – Sei não. Você viu que ele usa relógio? Índio vê a hora olhando para o tempo. O relógio do índio é o sol, a lua, as estrelas... Não é possível que ele seja índio – argumentou a outra. [...]
>
> – Você viu o colar que ele está usando? Parece que é de dentes. Será que é de dentes de gente?
>
> – De repente até é. Ouvi dizer que ainda existem índios que comem gente – medrou a segunda senhora.

O discurso citado, embora possa ser considerado crônica do cotidiano, pode também ser visto como texto de resistência. A voz indígena apropria-se do discurso proferido pela voz do colonizador europeu para desconstruir estereótipos sobre o índio, ainda presentes na sociedade brasileira.

Percebe-se que o índio retratado na crônica deseja ser visto, para se autoafirmar pela diferença. Contudo, ao ter sua identidade construída na relação com o outro, a diferença não é considerada positiva, como valor. O não índio ainda o vê, na contemporaneidade, como deficitário, como um *outsider* no espaço urbano, como fonte de perigo ou ameaça. Ao final da crônica, Munduruku (2000, p. 29-30) escreve:

> – O que você acha de falarmos com ele?
> – E se ele não gostar?
> – Paciência... Ao menos nós teremos as informações mais precisas, você não acha?
> – É, eu acho, mas confesso que não tenho muita coragem de iniciar um diálogo com ele. Você pergunta?
> Isto dito pela segunda senhora que, a esta altura, já se mostrava um tanto constrangida.
> – Eu pergunto.
> Eu estava ouvindo a conversa de costas para as duas e de vez em quando ria com vontade. De repente, sinto um leve toque de dedos. Viro-me. Infelizmente, elas demoraram a chamar-me.
> Meu ponto de desembarque estava chegando. Olhei para elas, sorri e disse:
> Sim!

O não índio revela curiosidade e desejo de ter "informações mais precisas" sobre o índio. Porém, seu medo, originário de uma longa tradição discursiva europeia que constrói o índio como canibal, violento e primitivo, impede que a interação aconteça.

Finalmente, o índio responde que "Sim!". De forma objetiva e enfática, marcada pelo uso do ponto de exclamação. A resposta afirmativa pode significar que a personagem retratada na crônica assume pertencer a uma etnia indígena brasileira. Ao fazê-lo, percebe os estereótipos que acompanham o "ser índio" no Brasil. A resposta afirmativa também pode significar que ser índio é carregar todos esses constructos e ainda resistir a eles. Essa resistência se dá pela literatura, que conduz índios e não índios à reflexão.

O poder dos nomes

"Eu sou Kaka Werá Jecupé" é o título do primeiro texto do prefácio/introdução de *A terra dos mil povos*, de Kaka Werá Jecupé. Esse título é um cartão de visitas e uma afirmação identitária que remete à tradição cultural Guarani. Segundo Melià (1989, p. 306), "Para o guarani a palavra é tudo. E tudo para ele é palavra". Assim, a palavra que nomeia uma pessoa não a representa apenas, mas é a própria pessoa. Quanto ao seu nome, Jecupé (1998, p. 11) explica:

> Kaka é um apelido, um escudo. De acordo com a nossa tradição, uma palavra pode proteger ou destruir uma pessoa; o poder de uma palavra na boca é o mesmo de uma flecha no arco, de modo que às vezes usamos apelidos como patuás. [...]
>
> Werá Jecupé é o meu tom, ou seja, meu espírito nomeado. De acordo com esse nome, meu espírito veio do leste, fazendo um movimento para o sul, entonando assim um som, uma dança, um gesto do espírito para a matéria, que nos apresenta ao mundo como uma assinatura. Essa assinatura registrada na alma me faz algo como neto do Trovão, bisneto de Tupã. É dessa maneira que somos nomeados, para que não se perca a qualidade da Natureza de que descendemos.

O autor/narrador apresenta o significado de seu nome e marca, de início, a diferença entre as culturas tribal e ocidental pela maneira como um índio recebe e lê seu nome. O primeiro nome do autor anuncia o poder da palavra que protege o seu tom ou espírito nomeado. Então, o autor fornece ao leitor uma etimologia dos nomes Werá Jecupé, demonstrando a relação entre homem e natureza, autodenominação indígena e religião. Melià (1989, p. 311-312) afirma:

> [...] o nome encontrado mediante a cerimônia xamânica tem para o guarani um significado todo especial.

> [...] Quando a criança ainda não tem nome, está sujeito à cólera, raiz e origem de todo mal. "Somente quando se chamarem pelos nomes que nós, os Pais da palavra, lhes damos, deixarão de se encolerizar". O *mitã renói* a, "o que chama ou dá nome à criança", se prepara para receber a revelação. Acende o cachimbo, lança baforadas de fumaça sobre o cocuruto da criança e finalmente comunica à mãe o nome averiguado. Este nome é parte integrante da pessoa e é designado com a expressão '*erý moã a*, "aquilo que mantém em pé o fluir do dizer".
>
> Recebendo o nome, a pessoa começa a ficar de pé como está levantada a palavra, a qual confere grandeza de coração e fortaleza, as duas grandes virtudes a que um bom guarani aspira.
>
> A educação do guarani é uma educação da palavra, mas não é educado para aprender e muito menos para memorizar textos e sim para escutar as palavras que receberá do alto, geralmente através do sonho, e poder dizê-las. O guarani procura a perfeição de seu ser na perfeição de seu dizer [...].

O poder que o nome recebido tem para o Guarani justifica a abertura dessa obra indígena pela afirmação do nome, da palavra. Ela é ouvida e repassada, pois o texto de Jecupé se relaciona à recepção da palavra (via tradição oral) e ao seu "dizer" (via tradição escrita ocidental). Assim, uma preocupação com o esclarecimento da palavra proveniente de uma tradição tribal permeia o discurso do texto.

Em seu discurso inicial, Jecupé (1998, p. 12) constrói um relato autobiográfico, no qual narra sua trajetória pessoal por tradições tribais e ocidentais:

> Na terra, meus pais não são Guarani – eles vieram das Minas Gerais, ladeando o São Francisco. Ficaram conhecidos no passado como Tapuia. No entanto, minha família se autodenomina "guerreiros sem armas", ou, como eu gosto de me apresentar: Txukarramãe. Os antepassados dos meus pais vieram do rio Araguaia. São clãs totalmente diferentes dos Guarani, povo no qual fui batizado. Devo, no entanto, dizer que não são os mesmos Txukarramãe presentes hoje no Alto Xingu, da família kayapó. Apresento-me como Txukarramãe pelo fato de ser um guerreiro sem armas, simplesmente. E, como meus pais já se

foram para a Terra sem Males, comecei uma tarefa, a partir dos ensinamentos que me foram passados, de difundir a tradição, plantando agora, para o próximo Ciclo da Natureza Cósmica nessa terra chamada Brasil, sementes ancestrais para o florescimento de uma nova tribo.

Jecupé compartilha com o leitor não só sua filiação, mas também sua afiliação. Esta última implica escolhas feitas para a construção de sua identidade e discurso.

Sobre sua filiação, o autor relata a origem étnica de seus pais e estabelece a diferença entre as denominações Tapuia e Txukarramãe, a primeira como designação estrangeira e a segunda própria da família tribal. Esta é importante para o autor, já que é como "guerreiro sem armas" que ele se apresenta.

Sobre sua afiliação, o autor está vinculado à nação Guarani, mas transita por outras etnias e pela cultura ocidental. O autor revela, assim, seu hibridismo cultural.

Jecupé busca informar que há diferenças entre clãs indígenas, desconstruindo o conceito essencialista e homogeneizante de *índio*. Ele apresenta sua proposta de difusão da tradição tribal como projeto pessoal e literário. Esse projeto de divulgação dos conhecimentos e das visões de mundo provenientes de tradições tribais parece vincular-se ainda a um projeto de resistência. Tal projeto visa incluir a história tribal nos anais da história nacional brasileira.

Em um segundo texto do prefácio, "O que é índio", Jecupé (1998, p. 13) afirma:

> O índio não chamava nem chama a si mesmo de índio. O nome "índio" veio trazido pelos ventos dos mares do século XVI, mas o espírito "índio" habitava o Brasil antes mesmo de o tempo existir e se estendeu pelas Américas para, mais tarde, exprimir muitos nomes, difusores da Tradição do Sol, da Lua e do Sonho.
>
> Então, o que é índio, para o índio? Eu vou responder conforme me foi ensinado pelos meus avós, através do *Ayvu Rapyta*, passado de boca a boca com a responsabilidade do fogo sobre a noite estrelada, e através das cerimônias e encontros por que tenho passado com os ancestrais na terra e no Sonho.

Jecupé responde a pergunta "o que é índio, para o índio" segundo a tradição Guarani. Ele vincula sua resposta à cosmogonia indígena e ao *Ayvu Rapyta*, assim conceituado por Melià (1989, p. 309):

> Perguntados sobre o sentido do conceito-chave de ayvú rapytá (= fundamento da palavra ou palavra fundamental), dois mbyá, dirigentes do grupo, fizeram sua exegese: "ao fundamento da palavra fez que se abrisse e que tomasse seu ser (divinamente) celeste Nosso Primeiro Pai, para que fosse o centro e a medula da palavra-alma"; "o fundamento da palavra é a palavra original, a que Nossos Primeiros Pais, ao enviar seus numerosos filhos à morada terrena para que se erguessem, lhes comunicariam".

Direito à diferença

Percebe-se a importância que os nomes ou as palavras utilizadas para autodeterminação assumem para os Guarani e para as demais etnias indígenas. Para Castro (1983, p. 235), "A autodeterminação implica um direito essencial: o direito à diferença".

Com base em ensinamentos recebidos pelos antepassados e pelo *Ayvu Rapyta*, Jecupé (1998, p. 13) traduz para o não índio o significado da autodeterminação:

> Para o índio, toda palavra possui espírito. Um nome é uma alma provida de um assento, diz-se na língua ayvu. É uma vida entonada em uma forma. Vida é o espírito em movimento. Espírito, para o índio, é silêncio e som. O silêncio-som possui um ritmo, um tom, cujo corpo é a cor. Quando o espírito é entonado, torna-se, passa a ser, ou seja, possui um tom. Antes de existir a palavra "índio" para designar todos os povos indígenas, já havia o espírito índio espalhado em centenas de tons. Os tons se dividem por afinidade, formando clãs, que formam tribos, que habitam aldeias, constituindo nações. Os mais antigos vão parindo os mais novos. O índio mais antigo dessa terra hoje chamada Brasil se autodenomina Tupy, que na língua sagrada, o abanhaenga, significa: tu = som, barulho; e py = pé, assento; ou seja, o som-de-pé, o som-assentado, o entonado. De modo que índio é uma qualidade de espírito posta em uma harmonia de forma.

A partir dessa visão, percebe-se a impossibilidade da redução das inúmeras culturas tribais, de suas "centenas de tons", à palavra utilizada pelo colonizador para denominá-las.

O termo *índio* não só demonstra um equívoco geográfico, mas principalmente uma ignorância cultural. Porém, é esse o termo utilizado pelo autor como ponto de partida: para provocar uma reflexão sobre a identidade do *índio* pela palavra sob as perspectivas tribal e ocidental.

O termo *índio* não é removido do discurso indígena. O nativo apropria-se do termo *índio* para construir uma unidade perante olhos ocidentais. O termo sinaliza uma representação da diferença (branco/índio) e uma vontade política de resistência à sujeição colonial. Além do mais, o termo *índio* pode ser usado como ferramenta pelo escritor indígena, como palavra-máscara, um nome não verdadeiro que não afeta seu verdadeiro nome e identidade.

Talvez seja possível, então, traduzir o uso que Jecupé faz do termo *índio* no título de seu livro e em várias passagens como estratégia discursiva: 1) de resistência; e 2) de proteção do nome das coletividades que representa.

A palavra *índio* pode ser uma palavra-máscara/escudo a proteger o nome pelo qual as coletividades indígenas designam a si mesmas, assim como Kaka é um nome-escudo a proteger o seu tom, seu espírito.

Sugestões de bibliografia

Como no capítulo anterior, menciono a seguir algumas obras da literatura indígena brasileira que estão relacionadas ao tema da construção das identidades indígenas e à diversidade étnica no Brasil. Os textos propostos são sugestões. Este tema pode ser encontrado em praticamente todas as obras indígenas, mesmo que seja proposto apenas em uma nota de rodapé, na biografia do autor ou nas entrelinhas da leitura. O professor pode fazer suas pesquisas para encontrar os livros mais adequados para o desenvolvimento de seu trabalho e novos títulos de literatura indígena são lançados a cada ano:

1. GUARANI, Emerson; PREZIA, Benedito (Orgs.). *A criação do mundo e outras belas histórias indígenas*. São Paulo: Formato Editorial, 2011.

2. JEKUPÉ, Olívio. *Tekoa: conhecendo uma aldeia indígena*. São Paulo: Global, 2011. (Coleção Muiraquitãs).

3. MACUXI, Ely. *O curumim da selva*. São Paulo: Paulinas, 2010. (Coleção O Universo Indígena. Série Raízes).

4. VALLE, Cláudia Netto do (Org.). *Histórias antigas do povo Kaingáng*. Maringá: Eduem, 2010.

5. YAMÃ, Yaguarê. *Kurumĩ Guaré no coração da Amazônia*. São Paulo: FTD, 2007.

Sugestões de atividades

Práticas leitoras: A escritura indígena brasileira: instrumento de autoconhecimento e autoafirmação

Enfatizo mais uma vez a ideia de que *atividades leitoras* devem envolver inicialmente *contextualização*, como uma fase *pré-leitura*, para que façam sentido para os alunos. Essa etapa pode ser desenvolvida ao longo de várias aulas, conforme o planejamento e o cronograma de trabalho do professor. Reforço também a importância de a leitura e a interpretação do texto literário serem desenvolvidas em etapas, para que alunos e professores possam pesquisar sobre os contextos da obra e debater sua configuração literária.

No Ensino Médio, é relevante que se desenvolva o leitor competente crítico, que constrói repertório, mas também reflete sobre ele. Nessa fase da educação escolar, com relação aos temas aqui propostos e outros, os alunos podem também refletir sobre as obras da literatura que compõem os programas de Língua Portuguesa e Literatura Brasileira para contrapô-las àquelas da literatura indígena.

O professor tem liberdade de desenvolver as atividades sugeridas como for mais apropriado para cada turma de alunos. Não há necessidade de utilizar todas as etapas de forma rígida. As atividades propostas podem ser desenvolvidas de forma independente, não havendo, necessariamente, relação entre atividades que contém o mesmo número.

Etapa de Pré-leitura

1. O ponto de partida para a leitura das obras indígenas pode ser o próprio título. Os alunos podem discutir o que ele sugere, os estereótipos relacionados às atividades realizadas pelo índio.
Em seguida, os alunos podem ler a apresentação do livro, se houver, para conferir o que o autor informa o leitor sobre si e sobre o universo indígena.

2. Os alunos podem ler e comparar as biografias dos autores indígenas àquelas de autores de obras da literatura ocidental. Esta atividade pode promover uma discussão sobre as "múltiplas carteiras de identidade" dos autores índios, e de todas as pessoas. Podem ser debatidos:

   a) os centros de pertencimento;

   b) as razões que levam autores indígenas a se deslocar de espaços rurais para espaços urbanos;

   c) a formação de autores indígenas: sua educação formal e ancestral.

3. A fim de contextualizar a leitura da obra, sugere-se que o professor apresente aos alunos textos indígenas e textos indigenistas, para que os alunos possam apontar suas diferenças. Após trabalhar com as observações e o conhecimento prévio que os alunos possam trazer para esta discussão inicial, o professor pode destacar as diferenças entre textos indianistas, indigenistas e indígenas.

   Em seguida, os alunos podem ler as informações da capa da obra estudada, bem como a introdução, na qual os organizadores/autores revelam os bastidores da produção do texto. A classificação do livro como indígena ou indigenista pode suscitar discussão enriquecedora antes da leitura das obras.

4. Antes da leitura das palavras que compõem a história, os alunos podem ler as imagens da obra, a fim de realizar uma leitura semiótica do texto, mesmo que de forma breve. Os alunos podem pesquisar e discutir sobre elementos simbólicos presentes no texto, bem como sobre o significado das cores utilizadas nas imagens, para verificar se seu uso é cultural.

Etapa Durante a leitura

1. Ao realizarem a leitura do texto indígena, os alunos podem ser orientados a observar:

    a) Os conteúdos da obra, apresentados no sumário: são arrolados temas que permeiam o estilo de vida, as bases do pensamento e da formação de diversos povos indígenas?

    b) Por que a obra é escrita e para quem: índios ou não índios?

2. Os alunos podem buscar durante a leitura:

    a) informações que transformem sua visão anterior do universo indígena;

    b) a conexão das palavras do texto com as ilustrações apresentadas.

3. Nesta etapa, os alunos podem avaliar como o texto impresso utiliza recursos da oralidade, com configuração textual e linguagem que se assemelha àquela utilizada em relatos e conversas.
   Os alunos podem também refletir sobre a presença de estratégias da oralidade utilizadas em textos canônicos ocidentais, tais como *Grande Sertão: Veredas*, de Guimarães Rosa.

4. Os alunos podem selecionar um trecho do livro para ler. A atividade leitora pode ser desenvolvida primeiro com a imagem que acompanha a história selecionada, para que seja construído um sentido da ilustração (que por si só já conta uma história), e depois com uma comparação entre a ilustração e a narrativa por meio das palavras e como uma complementa a outra.

Etapa Pós-leitura

1. Como proposta de reflexão sobre a obra, pode-se solicitar aos alunos que:

    a) discutam como o respeito pelas diversas culturas do Brasil é retratado no texto indígena;

    b) identifiquem os conflitos que ainda hoje se desenvolvem entre índios e não índios e proponham sugestões para resolvê-los;

    c) participem de uma atividade na qual dramatizem as atividades realizadas pelos índios;

d) discutam a palavra do autor indígena: como a palavra do índio, por exemplo, discute os termos "povo", "nação", "etnia" e "tribo" e o que esses termos expressam;

e) preparem pôsteres sobre o mapa cultural das populações indígenas na região onde moram.

2. Para que os pontos observados durante a leitura possam ser debatidos, sugere-se que os alunos, em grupos ou individualmente, escrevam uma narrativa curta apresentando seus pontos de vista sobre o tema discutido de forma a dialogar com o texto indígena.

3. Se o texto indígena traz um mapa do Brasil e nele aponta a localização de aldeias indígenas, esse mapa pode ser utilizado como forma de leitura multimodal. Tendo o mapa como ponto de partida, os alunos podem discutir a presença indígena em cada região do Brasil, em especial na região onde moram. A leitura do mapa pode suscitar ainda uma discussão, com base em pesquisas, sobre a relação do índio com a terra, contraposta à relação que o não índio desenvolve com o meio ambiente.

4. Os alunos podem discutir o que o povo produtor da obra valoriza, por meio de suas narrativas.

Como conclusão deste capítulo, aponto a relevância da leitura, por índios e não índios, das construções de identidade individual e coletiva dos textos aqui discutidos e, outros, para, com isso, como afirma Airton Krenak no texto "A educação indígena: as relações entre cultura e identidade" (1996, p. 93),

> [...] iluminar este passado recente, pois acho importante que nós nos esforcemos daqui para frente no sentido de reconhecer que o que sobreviveu destas culturas à revelia, longe do esforço do Estado ou da sociedade regional em proteger, respeitar, preservar, ou qualquer coisa que tenha semelhança com solidariedade, merece respeito e deverá ser reconhecido.

Por meio da leitura dos textos indígenas, os índios deixam um papel de coadjuvantes e passam a representar, no presente, vozes que vêm fundamentar novas relações entre índios e não índios, construídas pelo respeito mútuo.

CAPÍTULO 6
DESAFIOS E RUMOS DA LITERATURA INDÍGENA

*Não escolhi ser índio, essa é uma condição
que me foi imposta pela divina mão que rege
o universo, mas escolhi ser professor, ou melhor,
confessor dos meus sonhos. Desejo narrá-los
para inspirar outras pessoas a narrarem os seus, a fim
de que o aprendizado ocorra pela palavra e pelo silêncio.*
(Daniel Munduruku, *O banquete dos deuses*)

As palavras sustentam o mundo e, se "no princípio era o Verbo", no início da História da América, contada pelo europeu, há discursos que informam tanto quanto deformam seu objeto de estudo.

Como vimos nos capítulos anteriores, a identidade indígena começa a ser construída pelo discurso alheio, o qual retrata tanto o sujeito que narra quanto aquele que é narrado.

Por outro lado, novos começos da História da América são narrados quando essa História é contada pelo índio. Este se autodenomina e se torna narrador de histórias, coletivas e individuais.

Novamente, a ideia de que "no princípio era o Verbo" se faz presente, pois o Verbo, a Palavra, sagrada para o índio, reconstrói seu universo e identidade.

Em termos de escritura, no século XX o índio passa de objeto no enunciado de outros – não índios – a sujeito da enunciação em discurso próprio.

Literatura em ascensão

A *pele silenciosa*, que tinha voz entre seus pares, transforma-se em uma voz a ser ouvida e lida no espaço da escritura. A *pele sonora* ainda tem distâncias a percorrer para ser reconhecida e valorizada pelo espaço acadêmico e pelos leitores em geral. Mas já encontra seu espaço editorial; recebe prêmios; é promovida em encontros de autores indígenas e concursos literários; é divulgada para leitores índios e não índios.

Na obra *Tekoa: conhecendo uma aldeia indígena*, Olívio Jekupé (2011, p. 30) lembra: "A literatura indígena é um fenômeno relativamente recente, mas já é possível identificar vários autores com projeção nacional e internacional. Seus livros já fazem parte dos acervos de bibliotecas internacionais". Sua produção e circulação certamente contribuem para que se conquistem cada vez mais leitores.

Desafios para escritores e leitores

Como mostram os capítulos 3, 4 e 5 deste livro, a recepção desses textos requer competências leitoras para que a textualidade indígena seja reconhecida como literatura. Caso contrário, ela continuará a ser limitada pelo rótulo étnico, a perambular de estante em estante, ou mesmo ser considerada unicamente como literatura infantojuvenil, principalmente por suas imagens.

Não quero dizer com isso que seja demérito considerar esses textos literatura infantojuvenil, até porque muitos livros são escritos para crianças e jovens com muita qualidade. Apenas chamo a atenção para seu potencial multimodal; ele coloca tais narrativas em outros patamares.

Não é demais reafirmar, e utilizo a expressão do poeta Carles Riba, citado por Tereza Colomer (2003, p. 98), que os textos indígenas possuem "destinação ambígua". Muitos deles são dirigidos a crianças e adultos, e suas imagens, como mencionado nos capítulos anteriores, constituem narrativas a serem interpretadas.

Além da característica visual da literatura indígena, a oralidade da narração deve ser considerada. Sobre este ponto, Olívio Jekupé (2011, p. 31) assegura:

> Há um fio muito tênue entre a oralidade e a escrita, disso não se duvida. Alguns preferem transformar esse fio numa ruptura, mas prefiro pensar numa complementação. A memória pode se expandir ao buscarmos o domínio de novas tecnologias para mantê-la viva. A escrita é uma dessas técnicas, mas há também o vídeo, o museu, os festivais, as apresentações culturais, a internet, o rádio, o cinema e a TV, todas importantes ferramentas contemporâneas, que podem ser fundamentais para a sobrevivência da cultura ancestral.

Jekupé anuncia ou prenuncia os rumos da literatura indígena deste século, aliada da tecnologia. Isso demonstra o dinamismo de sua escritura, semelhante ao de outras desenvolvidas atualmente.

Os escritores indígenas estão, portanto, atentos às técnicas de escrita contemporâneas para que sejam adaptadas ao seu modo de produção. A visão de multimodalidade dessa literatura se amplia se considerarmos as possibilidades de diálogo da textualidade indígena com outros suportes e linguagens.

Questionamentos de autor indígena

N. Scott Momaday afirma ser essencial o acréscimo da literatura nativa à "literatura norte-americana", mas reconhece as dificuldades dessa inclusão. Segundo o autor (1997, p. 14),

> A voz nativa na literatura norte-americana é indispensável. Não há verdadeira história literária dos Estados Unidos sem ela, entretanto não foi claramente delineada na área acadêmica. Os motivos para esta negligência talvez não sejam difíceis de achar. O objeto de estudo é descomunal; o corpus formado por canções, preces, encantamentos, presságios, charadas, e histórias da tradição oral nativo americana, embora constantemente e consideravelmente reduzido da época de contato com o europeu, é grande, tão grande que desencoraja pesquisa. A tradição evoluiu sem registros por um longo período de tempo, em numerosas línguas remotas e complexas, e reflete uma diversidade social e cultural

> que é formidável. A infraestrutura para pesquisa é inadequada, e especialistas na área são poucos. Não obstante, a necessidade é real e visível (Tradução nossa).[10]

Momaday identifica algumas das dificuldades de pesquisa e acesso à produção indígena. Entre elas se destaca a questão de que existe um conjunto tão grande de textos, de gêneros tão variados, em um número tão grande de línguas, que o levantamento da produção se torna uma tarefa hercúlea. Ainda há a questão de a produção ser proveniente da tradição oral e não ter sido registrada por um longo período de tempo. O autor, porém, não deixa de colocar a tarefa como algo necessário. Ele sugere que existe uma lacuna não preenchida no que se denomina "literatura norte-americana"; acredito que o mesmo pode ser exposto com relação à "literatura brasileira" ou "latino-americana".

O autor ainda questiona o marco zero da literatura norte-americana, ou seja, quando esta tem seu início. Momaday (1997, p. 14) constrói um discurso de resistência à sujeição literária canônica ocidental:

> A literatura norte-americana começa com a primeira percepção da paisagem americana expressa e preservada pela linguagem. Nós acreditamos que *Literatura* envolve mais que escrita. Se escrita significa construções visíveis dentro de uma estrutura composta por alfabetos, ela não tem mais de seis ou sete mil anos, é o que nos dizem. A linguagem, e nela a formação daquele registro cultural que é a literatura, é infinitamente mais velha. A tradição oral é o alicerce da literatura (Tradução nossa).[11]

---

[10] "The native voice in American literature is indispensable. There is no true literary history of the United States without it, and yet it has not been clearly delineated in our scholarship. The reasons for this neglect are perhaps not far to find. The subject is formidable; the body of songs, prayers, spells, charms, omens, riddles, and stories in Native American oral tradition, though constantly and considerably diminished from the time of European contact, is large, so large as to discourage investigation. The tradition has evolved over a very long and unrecorded period of time in numerous remote and complex languages, and it reflects a social and cultural diversity that is redoubtable. Research facilities are inadequate by and large, and experts in the field are few. Notwithstanding, the need is real and apparent."

[11] "American literature begins with the first human perception of the American

O que Momaday aponta sobre o marco inicial da literatura norte-americana provoca reflexões também sobre a literatura brasileira e latino-americana. Quando essas literaturas realmente tiveram início? Qual seu marco zero?

Mesmo na literatura que se denomina canônica ocidental, tal marco é discutível. A tradição oral também está em seu berço, e ainda hoje se discute: quem teria sido Homero? Ele existiu realmente? Como se deu a construção dos textos da Ilíada e da Odisseia?

Apesar desses questionamentos, esses textos e seu "autor" não deixam de ser valorizados e estudados, considerando-se as devidas dimensões e diferenças entre os referidos textos e os das literaturas indígenas.

Por sua produção, os autores podem problematizar também a maneira como se lê e se reflete sobre a literatura canônica ocidental. Consequentemente, pode haver um acréscimo de novos parâmetros de leitura literária.

A palavra na literatura indígena

Momaday discute a forma como as tradições oral e escrita podem ser integradas. Isso pode ser feito, é claro, já que a base de ambas as tradições está na palavra.

Em função de seu trânsito entre tradições, o autor aponta as contribuições da oralidade e da escritura para a produção literária. As tradições oral e escrita integradas garantem a continuidade das narrativas indígenas milenares.

As tradições ancestrais indígenas e canônicas europeias são, então, complementares. As textualidades indígenas – híbridas e multimodais – resultam de negociações entre a palavra que evoca a memória ancestral e a palavra que permite a divulgação das culturas tribais.

---

landscape expressed and preserved in language. Literature we take commonly to comprehend more than writing. If writing means visible constructions within a framework of alphabets, it is not more than six or seven thousand years old, we are told. Language, and in it the formation of that cultural record which is literature, is immeasurably older. Oral tradition is the foundation of literature."

O acesso ao *site* oficial de Sherman Alexie, autor indígena norte-americano, proporciona um exemplo de como o autor indígena se relaciona com o universo ocidental, com o mercado e com a mídia contemporâneos.

Alexie está inserido no mundo ocidental. Isso não significa que seus textos deixem de traduzir para o mundo questões ancestrais debatidas pelos índios norte-americanos.

De etnia Spokane, do lado materno, e Coeur d'Alene, do lado paterno, Alexie nasceu na reserva indígena de Spokane em 1966. Muitos de seus textos tratam da vida de índios em reservas ou ao redor delas. Alexie tem um número considerável de livros publicados. Dentre suas obras, encontramos o livro *The Lone-Ranger and Tonto fistfight in heaven*, publicado em 1993, que sinaliza o confronto entre brancos e índios já em seu título.

No conto que dá título ao livro, "The Lone-Ranger and Tonto fistfight in heaven", o conflito entre colonizador e colonizado, não índios e índios, marca o relacionamento das personagens. Elas lutam pelo poder em várias situações da narrativa.

No entanto, o relacionamento do Cavaleiro Solitário e de Tonto poderia parecer amigável nos programas de rádio e TV que nos deram a conhecer essas personagens. *The Lone Ranger* (o Cavaleiro Solitário) e *Tonto* foram criados por George W. Trendle, dono de uma estação de rádio em Detroit; as personagens figuraram inicialmente, em 1933, em um programa de rádio e, de 1949 a 1957, em um seriado transmitido pela TV.

O Cavaleiro Solitário é o protótipo do "mocinho" de seriados do gênero Western norte-americanos: ele representa o bem, defende os oprimidos e não tem vícios. Seu fiel companheiro é Tonto, um índio que o respeita e obedece a suas ordens. Eles têm uma relação de amizade, mas parece haver uma relação de subserviência por parte do índio.

Vejamos como Alexie constrói a história de suas personagens: um índio e uma mulher não índia estão em um espaço urbano; embora estejam envolvidos romanticamente, estão em situação de confronto, o que leva o índio a perambular pelas ruas em uma certa madrugada. Enquanto dirige pelas ruas da cidade, o personagem tem de enfrentar o preconceito e o medo daqueles que o julgam com base em estereótipos: ao entrar em uma loja de conveniências, um atendente o vê como ameaça. Em outra ocasião, quando a personagem dirige seu carro e passa por um bairro residencial não índio, o perigo associado à sua presença faz com que seja "convidado" a deixar um espaço ao qual não pertence:

> [...] Uma vez eu fui parar em um agradável bairro residencial e alguém deve ter se preocupado porque a polícia apareceu e me pediu para parar o carro no acostamento.
> "O que você está fazendo aqui?" o policial me perguntou enquanto olhava para minha carteira e registro.
> "Eu estou perdido".
> "Bem, onde você deveria estar?" ele me perguntou –, e eu sabia que havia muitos lugares onde eu gostaria de estar, mas nenhum onde eu deveria estar.
> "Eu briguei com minha namorada", falei. "Eu só estava dirigindo por aí, esfriando a cabeça, sabe?"
> "Bem, você deveria ter mais cuidado por onde dirige", o policial falou. "Está deixando as pessoas nervosas. Você não se encaixa no perfil da vizinhança."
> Eu tive vontade de dizer a ele que eu realmente não me encaixava no perfil do país, mas eu sabia que isto só me traria problemas (ALEXIE, 1997, p. 182-183, tradução nossa).[12]

---

[12] "[...] Once, I ended up in a nice residential neighborhood and somebody must have been worried because the police showed up and pulled me over.
'What are you doing out here?' the police officer asked me as he looked over my license and registration.
'I'm lost.'
'Well, where are you supposed to be?' he asked me and I knew there were plenty of places I wanted to be, but none where I was supposed to be.
'I got into a fight with my girlfriend,' I said. 'I was just driving around, blowing off steam, you know?'
'Well, you should be more careful whre you drive,' the officer said. 'You're making people nervous. You don't fit the profile of the neighborhood.'
I wanted to tell him that I didn't fit the profile of the country but I knew it would just get me into trouble."

A remoção do índio de um espaço ao qual não pertence, no qual não se encaixa, equivale à sua remoção dos espaços ocupados pelo colonizador. Quando o índio diz estar perdido, vagando para esfriar a cabeça, parece estar representando, no discurso individual, uma coletividade que perdeu sua terra e que não pertence ao espaço urbano, ou à vizinhança agradável.

Ao índio é dito que ele não se encaixa no perfil da vizinhança e, dessa forma, é delimitado no conto o espaço onde pode ficar. Contudo, a resistência está presente no discurso da personagem, que narra os traumas emocionais causados nas relações travadas com aqueles que estão em situação de poder – como os policiais – e com a mulher branca. Em uma outra passagem do texto, o narrador trata da relação conflituosa que tem com sua namorada:

> "Você é como seu irmão", ela gritava. "Bêbado todo tempo e tolo".
> "Meu irmão não bebe tanto assim".
> Eu e ela nunca tentamos nos agredir fisicamente. Eu a amava, afinal, e ela me amava. Mas aquelas discussões agrediam tanto quanto punhos. As palavras podem fazer isto, sabe? Sempre que eu entro em uma discussão agora, eu me lembro dela e de Mohammed Ali. Ele conhecia o poder dos punhos, mas, acima de tudo, ele conhecia o poder das palavras, também. Embora ele só tivesse um QI de 80 mais ou menos, Ali foi um gênio. E ela era um gênio, também. Ela sabia exatamente o que dizer para me causar maior dor (ALEXIE, 1997, p. 185, tradução nossa).[13]

O texto apresentado aponta para a violência da palavra, que agride tanto quanto o punho. Por séculos, as nações indígenas norte-americanas vêm enfrentando a violência do discurso colonizador: a

---

[13] "'You're just like your brother,' she'd yell. 'Drunk all the time and stupid.'
'My brother don't drink that much.'
She and I never tried to hurt each other physically. I did love her, after all, and she loved me. But those arguments were just as damaging as a fist. Words can be like that, you know? Whenever I get into arguments now, I remember her and I also remember Mohammed Ali. He knew the power of fists but more importantly, he knew the power of his words, too. Even though he only had an IQ of 80 or so, Ali was a genius. And she was a genius, too. She knew exactly what to say to cause me the most pain."

violência do discurso político, que firma e rompe tratados; a violência do discurso histórico, que constrói a história sob a perspectiva eurocêntrica; e a violência do discurso literário, entre outros mais, que ora idealiza, ora barbariza a imagem do índio e sua identidade. Por sua vez, o narrador reconhece o poder das palavras, o que, acreditamos, pode remeter à percepção do escritor indígena de que pode contranarrar, pode usar a escritura como instrumento para atingir seu oponente e até mesmo derrubá-lo.

Finalmente, o índio retorna à reserva onde cresceu, mas tem dificuldades em encontrar ou construir um lar.

Tanto o Cavaleiro Solitário quanto Tonto caminham pelas sociedades das Américas. Os estereótipos de índios e não índios permanecem ainda hoje em discursos variados, mas a identidade conferida a Tonto pelo não índio pode ser modificada. A resistência está presente no discurso da personagem, narrador de seu destino.

O índio das Américas demonstra, por sua escritura, como a denominação pelo outro e a autodenominação estão entrelaçadas. Ao construir identidade(s) própria(s), o índio responde à ficção criada pelo outro; até mesmo incorpora o termo "índio" ao seu discurso de resistência.

Embora a identidade indígena esteja vinculada a universos tribais, o índio transita pelo mundo tribal e ocidental, geográfica e culturalmente. As textualidades indígenas encontram-se inseridas nas sociedades hegemônicas e com elas negociam sua discursividade.

O índio contrapõe identidades autoatribuídas àquelas provenientes do mundo ocidental. Utiliza poéticas canônicas, meios de produção, circulação e divulgação ocidentais para que seus textos alcancem um público-alvo não índio. Assim, conduz a uma revisão de conceitos, perspectivas e relações com a alteridade.

Necessidade de criar

Além dos aspectos apontados por Momaday, outros desafiam e impulsionam os escritores indígenas. Entre eles, percebe-se a necessidade, quase visceral, de criar. Para Roberta J. Hill (1998, p. 78)

> Se nós não criamos, nossas culturas não vivem. A necessidade de criar arte e literatura e música mantêm nossos costumes vivos e os nutre. Todos os seres humanos precisam sentir a integridade de suas próprias imaginações. Nossa vida criativa é outra expressão da terra. Manie Boyd, uma anciã Menominee, uma vez me disse que envelhecer e não passar adiante o que se aprendeu é um erro grave, um que o Criador não desculpa facilmente (Tradução nossa).[14]

A preocupação demonstrada por Hill encontra ressonância também na escrita de Daniel Munduruku. Ele reflete sobre a palavra e a tradição oral com respeito, talvez até mesmo com reverência. E reflete sobre o papel do narrador, que parece ter um dever sagrado com a palavra. Munduruku (2000, p. 95) afirma que "A oralidade é a divindade que se torna carne. O narrador é o mestre da palavra." Esta frase parece sugerir responsabilidade por parte do narrador, não só com a palavra, mas também com o ouvinte/leitor.

E por que não pensar, então, na responsabilidade do leitor que entra em contato com esta tradição?

Como as leituras que fazemos nos transformam?

Como transformam nossos alunos? E por quê?

Estes e outros questionamentos podem ser salutares para professores e alunos, mesmo que as respostas sejam difíceis de encontrar.

Sugestões de bibliografia

Aqui proponho algumas obras da literatura indígena brasileira que discutem a escritura indígena, a tradição oral e o papel de seus narradores. Reafirmo que os textos a seguir são sugestões. Sobre estes temas, o professor poderá encontrar muito material publicado em *sites* confiáveis, em revistas e jornais impressos e *online*. Professores e

---

[14] *"If we don't create, our cultures do not live. The need to create art and literature and music keeps our ways alive and nourishes them. All human beings need to feel the integrity of their own imagination. Our imaginative life is another expression of the earth. Manie Boyd, a Menominee elder, once told me that to grow old and not to pass down what you have learned is a serious error, one the Creator does not excuse lightly."*

alunos podem pesquisar material de leitura e discussão para contribuir para a atualização das questões propostas e, consequentemente, para a promoção de saberes.

1. JECUPÉ, Kaka. Werá. *Aré awé roiaru'a ma: todas as vezes que dissemos adeus*. São Paulo: Fundação Phytoervas de Proteção ao Índio Brasileiro, 1993.

2. JECUPÉ, Kaka Werá. *Tupã Tenondé: a criação do Universo, da Terra e do Homem segundo a tradição oral Guarani*. São Paulo: Peirópolis, 2001.

3. MUNDURUKU, Daniel. *Coisas de índio*. 2. ed. São Paulo: Callis, 2010.

Sugestões de atividades

Práticas leitoras: A arte indígena de narrar

Assim como foi apontado no capítulo anterior, a *contextualização* das atividades aqui propostas pode envolver trabalho com textos e metatextos da literatura canônica. Pode ser importante partir do que é conhecido, em termos literários, para então discutir novas ou diferentes visões de literatura.

Pesquisa e leitura críticas serão fundamentais para promover a reflexão sobre a escritura indígena e canônica e sua localização cultural.

Não há necessidade de utilizar todas as etapas de forma rígida. As atividades propostas podem ser desenvolvidas de forma independente, não havendo, necessariamente, relação entre atividades que contêm o mesmo número.

Etapa de pré-leitura

1. A contextualização da leitura das obras indígenas pode ser iniciada por uma visão panorâmica da obra selecionada. Os alunos podem examinar os conteúdos listados no seu índice. Este pode mencionar alguns dos gêneros inseridos na obra, tais como contos, cartas, preces e poemas.

   Em seguida, os alunos podem trabalhar em grupos e cada grupo pode escolher e ficar responsável pela caracterização de um desses gêneros: finalidade, forma, discurso formal ou informal (com influência da oralidade) e público-alvo.

O trabalho deverá envolver pesquisa do gênero escolhido pelo grupo. Esta atividade envolve reflexão sobre o gênero literário como se apresenta no texto indígena e diferenças com relação aos textos canônicos ocidentais.

Após a caracterização por cada grupo, voluntários podem apresentar a descrição dos gêneros de seu grupo para a turma.

2. Outra proposta é a leitura pelos alunos do prefácio da obra, ou de sua apresentação, para que sejam percebidas:

a) sua finalidade;

b) a filiação ou afiliação do autor.

3. O professor pode pesquisar algumas frases de autores/teóricos da literatura índios e não índios sobre o fazer literário/poético e a escritura. Essas frases podem ser apresentadas aos alunos, mas sem a identificação do autor.

Então, pode ser proposto aos alunos que trabalhem em grupos para ler e discutir as frases apresentadas; na etapa seguinte, eles podem discutir se as frases estão relacionadas à cultura indígena, à cultura ocidental ou a ambas.

Finalmente, o professor menciona aos alunos os nomes dos autores das frases para que tentem relacionar o nome do autor a cada frase.

Para concluir, será feita a correção da correspondência.

Esta atividade pode levar à percepção e desmistificação de estereótipos sobre esta ou aquela literatura.

Exemplos

1. "Só soube muito depois que o que eu escrevia se chamava poesia. Nunca tive interesse pelas definições, pelos rótulos." (Pablo Neruda)

Fonte: NERUDA, Pablo. *Confesso que vivi: memórias*. Rio de Janeiro: Bertrand Brasil, 2002, p. 384.

> 2. "As palavras pertencem metade a quem fala, metade a quem ouve." (Montaigne)
>
> Fonte: GIANNETTI, Eduardo. *O livro das citações: um breviário de idéias replicantes.* São Paulo: Companhia das Letras, 2008, p. 29.
>
> 3. "No ato da criação se dá a purificação do espírito, da anima, da alma e conseqüentemente a purificação do corpo e a extirpação de velhos tumores, velhos fantasmas..." (Eliane Potiguara)
>
> Fonte: POTIGUARA, Eliane. *Metade cara, metade máscara.* São Paulo: Global, 2004, p. 58.

4. Se a obra lida for um conto, uma discussão sobre a temática e os elementos que compõem a estrutura de um conto de tradição ocidental pode ser instigada.
    Uma pesquisa pode ser proposta sobre a configuração do conto brasileiro, sobre autores nacionais representativos, tais como Machado de Assis, Lygia Fagundes Telles, Dalton Trevisan e tantos outros. O conhecimento sobre a produção contística brasileira, mesmo que de forma panorâmica, poderá servir de base para a inserção dos contos indígenas na discussão sobre a literatura brasileira.

Etapa Durante a leitura

1. Se na etapa anterior os alunos trabalharam com gêneros literários, nesta eles podem focalizar atenção, por exemplo, na leitura dos textos do gênero trabalhado para verificar se os elementos apontados são percebidos na caracterização do texto indígena.
2. Cada aluno ou grupo de alunos pode escolher um conto/mito indígena para ler e refletir sobre:
    a) a relação da temática e estrutura do texto com a temática e estrutura do conto de tradição ocidental;
    b) as personagens do texto e suas características;
    c) o efeito do texto sobre o leitor;
    d) a identidade do povo indígena construída no texto;

e) as palavras de origem indígena utilizadas no conto e explicadas no glossário.

Etapa de Pós-leitura

1. Nesta etapa, pode ser realizada uma discussão sobre:

   a) a relação do narrador com a tradição oral;
   b) a relação do narrador com a tradição literária ocidental;
   c) a visão de escritura e de literatura expressa na obra.

2. Pode ser sugerida a leitura dos elementos visuais (imagens) da obra a fim de promover uma reflexão sobre seu efeito na construção de sentido do texto.

   Sobre a interpretação das imagens, pode ser feito um diálogo com as culturas indígenas da América do Norte. Segundo Zimmerman (2002, p. 70),

   > Os povos de todas as culturas índias recorriam à arte para exprimir a ligação à Terra sagrada e às plantas e animais com os quais a partilham. Os símbolos e padrões que aparecem em todos os objetos, desde potes a sapatos, permitem ao próprio artista e às pessoas em geral reflectir sobre o mundo que os rodeia, não esquecendo o seu significado religioso e secular.

   Portanto, motivos decorativos sob um olhar não índio adquirem caráter simbólico sob o olhar indígena.

   Quanto às formas geométricas, elas também são utilizadas pelas culturas indígenas da América do Norte, pois de acordo com Zimmerman (2002, p. 71-73)

   > Os índios das planícies ficaram famosos pela elegância e pelo requinte de sua cerâmica, que seguiu uma tradição com raízes nas grandes culturas anteriores ao contacto com o Ocidente, como a dos Anasazis. Motivos geométricos e animais tradicionais, como serpentes e pássaros-trovoada, eram pintados a negro, branco e tons naturais, como vermelhos, castanhos e creme.
   >
   > [...]
   >
   > Também entre os índios das planícies se realizavam trabalhos com Espinhos coloridos, como bolsas para cachimbo e mocassins,

e nas peles de bisonte, incluindo as que cobriam os *tipis*, podem ver-se imagens de búfalos e cavalos, embora nas planícies se usassem mais os motivos geométricos, como círculos, rectângulos e triângulos. Os círculos podiam simbolizar a abóbada celeste, uma construção de adobe em forma de cúpula ou o chão de um *tipi* e, como em muitas outras culturas índias, exprimiam a forma como todas as coisas do mundo estavam relacionadas com os ciclos eternos da natureza.

Por meio de pesquisa, pode ser contraposta a arte indígena dos povos da América do Norte, e a escritura indígena encontrada em seus artefatos, àquela dos povos do Brasil. Podem ser discutidas semelhanças, quanto ao uso de cores, por exemplo, e diferenças devido às suas localizações geográficas e culturais.

Além disso, esse diálogo entre diversas culturas indígenas das Américas pode envolver ainda aspectos do estilo de vida.

3. Pode ser discutida a recorrência da temática ambientalista nas obras indígenas: preocupações com a proteção à natureza, desenvolvimento sustentável, etc. Também podem ser pesquisados e debatidos os direitos humanos e dos povos indígenas. Um texto que pode ser lido e discutido é a "Carta da Terra"; ela foi divulgada na Conferência das Nações Unidas sobre o Meio Ambiente e Desenvolvimento e na Conferência Mundial dos Povos Indígenas sobre território, meio ambiente e desenvolvimento, no evento conhecido como ECO-92 ou RIO-92. O acesso a esse e outros textos sobre os direitos humanos e dos povos indígenas pode ser feito pelo *site* <http://www.culturabrasil.org/cartadaterra.htm>.

4. Ainda outras atividades podem envolver:
   a) tradução de um texto lido de um(a) gênero/linguagem para outro(a):
   - de conto para pôster/imagem visual;
   - de poema escrito para poema dramatizado, ou transformado em imagem visual;
   - transformação de conto em poema, etc.

b) pesquisa sobre histórias provenientes de origens não indígenas que tratem de temas propostos na obra indígena estudada. Por exemplo, há muitas narrativas indígenas sobre como a dádiva do fogo chegou à humanidade. Essa história é narrada por muitas culturas, como a cultura grega: o mito de Prometeu conta como ele rouba o fogo dos deuses do Olimpo para dá-lo aos homens, e por isso é punido. Esta e outras histórias podem ser comparadas às histórias indígenas quanto à figura do herói que traz o fogo para a humanidade (animal, homem/mulher/criança, semideus, etc.), sua jornada e seus feitos, sua recompensa ou punição.

5. O professor pode sugerir aos alunos que recriem ou reescrevam um trecho de uma obra literária canônica utilizando recursos/estratégias da literatura indígena, e vice-versa. Os alunos podem trabalhar em grupos para realizar esta atividade. Ao final, os textos podem ser compartilhados e comentados pela turma.

CONCLUSÃO

Em entrevista dada a Olívio Jekupé e transcrita no livro *Literatura escrita pelos povos indígenas* (2009, p. 42), Lúcio Terena afirma: "Eu lia muito desde criança e minha avó dizia: 'já está conversando com papel de novo!' Essa conversa com papel é um instrumento que nós escritores temos e estamos exercitando".

"Conversar com o papel" parece ser uma imagem muito apropriada para a arte literária indígena, como tentei mostrar na trajetória que percorri neste livro.

A produção literária indígena das Américas marca presença e encontra reconhecimento, apesar de inúmeras tentativas de apagamento. A produção literária indígena brasileira, em especial, passa por um momento de ascensão e merece encontrar um público leitor que reconheça sua especificidade e seu valor.

Ao iniciar este livro, estabeleci como objetivos discutir as características da literatura indígena das Américas, especialmente da literatura indígena brasileira, e sugerir atividades que pudessem ser utilizadas por professores com alunos do Ensino Médio. A construção de conhecimento e as reflexões aqui apresentadas, juntamente com as atividades propostas, visam a preparar o professor para promover o letramento literário de seus alunos.

A literatura indígena e a estética da sensibilidade

Esta obra busca valorizar a diversidade cultural brasileira e demonstrar sua sintonia com a estética da sensibilidade, proposta nos Parâmetros Curriculares Nacionais (BRASIL, 2000, p. 63):

> Como expressão de identidade nacional, a estética da sensibilidade facilitará o **reconhecimento e a valorização da diversidade** cultural brasileira e das formas de perceber e expressar a realidade própria dos gêneros, das etnias e das muitas regiões e grupos sociais do País. Assim entendida, a estética da sensibilidade é um substrato indispensável para uma pedagogia que se quer brasileira, portadora da riqueza de cores, sons e sabores deste País, aberta à diversidade dos nossos alunos e professores, mas que não abdica da responsabilidade de constituir cidadania para um mundo que se globaliza, e de dar significado universal aos conteúdos da aprendizagem. (Grifos do autor.)

O conhecimento das configurações literárias das obras indígenas, bem como de autores e obras representativas, amplia a visão de mundo de professores e alunos; abertura para a produção literária indígena brasileira implica abertura para o outro, para a expressão do outro e para o respeito e valorização do outro.

Contribuições da literatura indígena

Autores e obras discutidos neste livro, mesmo vinculados aos mais variados povos indígenas das Américas, apresentam pontos de contato. Pela escrita, laços culturais são gerados entre as diversas etnias indígenas. Elas revelam poéticas próprias, baseadas em multimodalidades discursivas; estas exigem do leitor acostumado às obras do cânone ocidental uma revisão de conceitos diversos e o exercício dos multiletramentos.

As obras indígenas fazem parte de movimentos literários/estéticos, indispensáveis à afirmação da cidadania, à valorização da alteridade e ao reconhecimento dos direitos das diversas etnias.

Literatura indígena e interdisciplinaridade

A leitura de obras da literatura indígena no Ensino Médio atende também à proposta de interdisciplinaridade, de diálogo de conhecimentos. Como tentei demonstrar ao longo dos capítulos, uma série de conexões podem ser estabelecidas entre saberes por meio da literatura indígena, envolvendo língua, modalidades de linguagem, história, sociologia, ética, filosofia, entre outros conhecimentos.

A literatura é um elo entre saberes.

Literatura indígena e competências leitoras

Além disso, a literatura promove, é claro, a leitura e o desenvolvimento de competências leitoras. Os alunos do Ensino Médio, especificamente, devem saber:

1. compreender, interpretar, analisar o que leem;
2. tecer relações entre textos, construir sentidos e confrontar visões de mundo, ideias, opiniões;
3. transitar entre as multimodalidades de linguagem, compreendê-las e utilizá-las;
4. contextualizar conhecimentos;
5. pensar criticamente sobre o que leem.

A leitura de obras da literatura indígena promove essas competências, além de formar leitores que se tornam atentos para:

1. o modo como estereótipos são construídos e como podem ser debatidos e desfeitos;
2. a construção de identidades e alteridades;
3. a revisão de conceitos essencialistas;
4. a possibilidade de expressar a imaginação, a criação literária, segundo parâmetros culturais diferentes.

Peles sonoras

Acredito que este é o caminho para a educação. Penso que Gabriel Perissé aponta isto muito bem quando afirma (2011, p. 46)

Em se tratando de leitura que faz pensar, ou seja, de terapia literária, a primeira dimensão que salta aos olhos é a profilática – leitura para prevenir, leitura para aprimorar um sistema de convicções, leitura como alimentação saudável, leitura para nos vacinar contra equívocos e desesperos, leitura como atividade equilibradora, leitura como orientação existencial, leitura como autoeducação, autodisciplina, autoconhecimento, etc.

Tendo como inspiração as palavras de Perissé, concluo dizendo que este livro foi escrito com a esperança de alimentar professores e alunos do Ensino Médio com uma leitura saudável, que amplia horizontes e orienta olhares e reflexões sobre as textualidades indígenas.

As *peles silenciosas* transformadas em *peles sonoras* encontram meios de afirmar suas identidades, construir alteridades, negociar sentidos, dar continuidade a tradições, ensinar e aprender.

REFERÊNCIAS

ALEXIE, Sherman. *Matador índio*. Tradução de Ana Luiza Borges. Rio de Janeiro: Record, 1998.

ALEXIE, Sherman. *The Lone-Ranger and Tonto Fistfight in Heaven*. London: Vintage, 1997.

ALLEN, P. G. The sacred hoop: a contemporary Indian perspective on American Indian literature. In: HOBSON, G. (Ed.). *The remembered earth: an anthology of contemporary Native American literature*. Albuquerque: University of New Mexico Press, 1979.

ALMEIDA, Maria Inês de; QUEIROZ, Sônia. *Na captura da voz: as edições da narrativa oral no Brasil*. Belo Horizonte: Autêntica, 2004.

AUGÉ, Marc. *Por uma antropologia dos mundos contemporâneos*. Rio de Janeiro: Bertrand Brasil, 1997

AYTO, John. *Dictionary of word origins*. New York: Arcade Publishing, 1990.

BERND, Zilá. *Literatura e identidade nacional*. 2. ed. Porto Alegre: Ed. da UFRGS, 2003.

BIRD, Gloria. Brealing the silence. Writing as "witness". In: ORTIZ, Simon J. (Ed.). *Speaking for the generations: native writers on writing*. Tucson: The University of Arizona Press, 1998.

BORGES, L. C. Os Guarani Mbyá e a oralidade discursiva do mito. In: FERNANDES, Frederico A. G. (Org.). *Oralidade e literatura: manifestações e abordagens no Brasil*. Londrina: Eduel, 2003.

BRASIL. Secretaria de Educação Média e Tecnológica. *Parâmetros Curriculares Nacionais: Ensino Médio*. Brasília: Ministério da Educação/Secretaria de Educação Média e Tecnológica, 2000.

BRASILEIROS DE RAIZ. Brasília, ano 1, n. 4, outubro/novembro 2011.

BROTHERSTON, Gordon. Popol Vuh: contexto e princípios de leitura. In: BROTHERSTON, Gordon; MEDEIROS, Sérgio (Org.). *Popol Vuh*. São Paulo: Iluminuras, 2007.

CABIXI, Daniel Matenho. Sou índio. In: MUNDURUKU, Daniel. *O banquete dos deuses: conversa sobre a origem da cultura brasileira*. 1. ed. São Paulo: Angra, 2000.

CAMINHA, Pero Vaz de. *Carta a el Rey Dom Manuel*. Transcrita e comentada por Maria Angela Villela. 2. ed. São Paulo: Ediouro, 1999.

CASTRO, Eduardo B. Viveiros de. A autodeterminação indígena como valor. In: OLIVEIRA, Roberto Cardoso de (Dir.). *Anuário Antropológico/81*. Fortaleza: Edições Universidade Federal do Ceará; Rio de Janeiro, Tempo Brasileiro, 1983.

CERTEAU, Michel de. *A escrita da história*. Tradução de Maria de Lourdes Menezes. 2. ed. Rio de Janeiro: Forense Universitária, 2002.

CHEFE SEATTLE. Carta da Terra. In: GUARANI, Emerson; PREZIA, Benedito (Org.). *A criação do mundo e outras belas histórias indígenas*. São Paulo: Formato Editorial, 2011.

CHEVALIER, Jean; GHEERBRANT, Alain. *Dicionário de símbolos: mitos, sonhos, costumes, gestos, formas, figuras, cores, números*. Tradução de Vera da Costa e Silva *et al*. Rio de Janeiro: José Olympio, 1988.

COLOMER, Teresa. *A formação do leitor literário*. Tradução de Laura Sandroni. São Paulo: Global, 2003.

CORDEIRO, Verbena Maria Rocha. Cenas de leitura. In: TURCHI, M. Z. SILVA, V. M. T. (Org.). *Leitor formado, leitor em formação: leitura literária em questão*. São Paulo: Cultura Acadêmica; Assis: ANEP, 2006.

COSTA, Marta Morais da. *Metodologia do ensino da literatura infantil*. Curitiba: Ibpex, 2007.

COSTA E SILVA, Alberto da. (Org.). *Lendas do índio brasileiro*. 2. ed. Rio de Janeiro: Ediouro, 2002.

DELORIA JR., Vine. Custer died for your sins. In: LESTER: James D. *Diverse identities: classic multicultural essays*. Lincolnwood, Illinois: NTC Publishing Group, 1996.

DIONÍSIO, Maria de Lourdes. Literatura, leitura e escola: uma hipótese de trabalho para a construção do leitor cosmopolita. In: PAIVA, Aparecida *et al.* (Org.). *Leituras literárias: discursos transitivos.* Belo Horizonte: Ceale/ Autêntica, 2005.

EQUIPE GLOBAL EDITORA (Org.). *Um fio de prosa.* São Paulo: Global, 2004. (Coleção Antologia de contos e crônicas para jovens.)

FALZETTA, Ricardo. *Estude os índios, começando por você.* Nova Escola, abr. 2000.

FERREIRA, Aurélio Buarque de Holanda. *Novo Aurélio Século XXI: o dicionário da língua portuguesa.* Rio de Janeiro: Nova Fronteira, 1999.

HAKIY, Tiago. Índio e tradição. In: HAKIY, Tiago. *Awyató-Pót: histórias indígenas para crianças.* São Paulo: Paulinas, 2011. (O universo indígena. Série Raízes.)

HANSEN, João Adolfo. A servidão natural do selvagem e a guerra justa contra o bárbaro. In: NOVAES, Adauto (Org.). *A descoberta do homem e do mundo.* São Paulo: Companhia das Letras, 1998.

GÂNDAVO, Pêro de Magalhães de. *Tratado da Província do Brasil.* Reprodução fac-similar do manuscrito 2.026 da Biblioteca Sloaniana do Museu Britânico. Instituto Nacional do Livro, 1965. (Coleção Textos e Vocabulários 5.)

GIANNETTI, Eduardo. *O livro das citações: um breviário de ideias replicantes.* São Paulo: Companhia das Letras, 2008.

GIUCCI, Guillermo. Uma carta: império e nação. In: ROCHA, João Cezar de Castro (Org.). *Nenhum Brasil existe: pequena enciclopédia.* Rio de Janeiro: UniverCidade Editora, 2003.

GRUZINSKI, Serge. *O pensamento mestiço.* Tradução de Rosa Freire d'Aguiar. São Paulo: Companhia das Letras, 2001.

GUARANI, Emerson; PREZIA, Benedito (Org.). *A criação do mundo e outras belas histórias indígenas.* São Paulo: Formato Editorial, 2011.

GUPTA, Akhil; FERGUSON, James. Mais além da "cultura": espaço, identidade e política da diferença. In: ARANTES, Antonio A. (Org.). *O espaço da diferença.* Campinas: Papirus, 2000.

HALL, Stuart. *Da diáspora: identidades e mediações culturais.* Tradução de Adelaine La Guardia Resende *et al.* Belo Horizonte: Editora UFMG, 2003.

HANCIAU, Nubia Jacques. O conceito de entre-lugar e as literaturas americanas no feminino. In: BERND, Zilá (Org.). *Americanidade e transferências culturais*. Porto Alegre: Movimento, 2003.

HILL, Roberta J. Immersed in words. In: ORTIZ, Simon J. (Ed.). *Speaking for the generations: native writers on writing*. Tucson: The University of Arizona Press, 1998.

HOBSON, G. Introduction: Remembering the Earth. In: HOBSON, G. (Ed.). *The remembered Earth: an anthology of contemporary Native American literature*. Albuquerque: University of New Mexico Press, 1979.

HOUAISS, Antônio; VILLAR, Mauro de Salles. *Minidicionário Houaiss da língua portuguesa*. Rio de Janeiro: Objetiva, 2003.

HUTCHEON, Linda. *Poética do pós-modernismo: história, teoria, ficção*. Tradução de Ricardo Cruz. Rio de Janeiro: Imago,1998.

JECUPÉ, Kaka Werá. *A terra dos mil povos: história indígena do Brasil contada por um índio*. 3. ed. São Paulo: Peirópolis, 1998.

JECUPÉ, Kaka Werá. *Aré awé roiaru'a ma: todas as vezes que dissemos adeus*. São Paulo: Fundação Phytoervas de Proteção ao Índio Brasileiro, 1993.

JECUPÉ, Kaka Werá. *Tupã Tenondé: a criação do Universo, da Terra e do Homem segundo a tradição oral Guarani*. São Paulo: Peirópolis, 2001.

JEKUPÉ, Olinto. *Tekoa: conhecendo uma aldeia indígena*. São Paulo: Global, 2011.

JEKUPÉ, Olívio. *Literatura escrita pelos povos indígenas*. São Paulo: Scortecci, 2009.

JOUVE, Vincent. *A leitura*. São Paulo: Editora UNESP, 2002.

KAYSER, Wolfgang. *Análise e interpretação da obra literária*. Coimbra: Arménio Amado, 1985.

KRENAK, Ailton. A educação indígena: as relações entre cultura e identidade. In: DAYRELL, Juarez (Org.). *Múltiplos olhares sobre educação e cultura*. Belo Horizonte: Editora UFMG, 1996.

KRENAK, Ailton. O eterno retorno do encontro. In: NOVAES, Adauto (Org.). *A outra margem do ocidente*. São Paulo: Companhia das Letras, 1999.

KRESS, G. *Multimodality: a social semiotic approach to contemporary communication*. New York: Routledge, 2010.

KROEBER, K. An Introduction to the Art of Traditional American Indian Narration. In: KROEBER, K. (Ed.). *Traditional literatures of the American Indian: texts and interpretations*. Lincoln and London: University of Nebraska Press, 1981.

KRUPAT, Arnold. *The voice in the margin: Native American literature and the canon*. Berkeley, Los Angeles, Oxford: University of California Press, 1989.

LEJEUNE, Philippe. Le pacte autobiographique (bis). *Poétique*, n. 56, Nov. 1983. p. 416-434.

LÉRY, Jean de. *Viagem à terra do Brasil*. Tradução e notas de Sérgio Milliet; colóquio na língua brasílica e notas tupinológicas Plínio Ayrosa. Belo Horizonte: Itatiaia; São Paulo: Edusp, 1980.

LIENHARD, Martin. *La voz y su huella: escritura y conflicto etnico-cultural en America Latina 1492-1988*. 3. ed. Lima: Editorial Horizonte, 1992. (Critica Literaria/9.)

LIPSITZ, G. *Time passages: collective memory and American popular culture*. Minneapolis:1995.

LÓPEZ, Alexis. Ser ou não ser Triqui: entre o narrativo e o político. In: LARROSA, Jorge; SKLIAR, Carlos. *Habitantes de Babel: políticas e poéticas da diferença*. Belo Horizonte: Autêntica, 2001.

MACUXI, Ely. *Ipaty: o curumim da selva*. São Paulo: Paulinas, 2010. (O universo indígena. Série Raízes.)

MARIANI, Bethania. *Colonização lingüística: línguas, política e religião no Brasil (séculos XVI a XVIII) e nos Estados Unidos da América (século XVIII)*. Campinas: Pontes, 2004.

MELIÀ, Bartolomeu. A experiência religiosa Guarani. In: MARZAL, Manuel M. et al. *O rosto índio de Deus*. Tradução de Jaime A. Clasen. São Paulo: Vozes, 1989. tomo I, série VII: Desafios da religião do povo.

MERLEAU-PONTY, Maurice. *A prosa do mundo*. São Paulo: Cosac & Naify, 2002.

MIRANDA, Wander Melo. *Corpos escritos: Graciliano Ramos e Silviano Santiago*. São Pauo: Edusp; Belo Horizonte: Editora UFMG, 1992.

MOITA LOPES, Luiz Paulo da; BASTOS, Liliana Cabral (Org.). *Identidades: recortes multi e interdisciplinares*. Campinas: Mercado de Letras, 2002.

MOMADAY, N. Scott. *The man made of words: essays, stories, passages*. New York: St. Martin's Press, 1997.

MONTAIGNE, Michel de. *Ensaios*. Tradução de Sérgio Milliet. São Paulo: Nova Cultural, 1996. v. 1. (Os Pensadores.)

MOOG, Viana. *Bandeirantes e pioneiros: paralelo entre duas culturas*. 15. ed. Rio de Janeiro: Civilização Brasileira, 1985.

MUNDURUKU, Daniel. *A palavra do grande chefe*. 1. ed. São Paulo: Global, 2008.

MUNDURUKU, Daniel. *Coisas de índio*. 2. ed. São Paulo: Callis, 2010.

MUNDURUKU, Daniel. *O banquete dos deuses: conversa sobre a origem da cultura brasileira*. 1. ed. São Paulo: Angra, 2000.

MUNDURUKU, Daniel. *O Karaíba: uma história do pré-Brasil*. Barueri: Manole, 2010.

MUNDURUKU, Daniel. *Parece que foi ontem. Kapusu aco'i juk*. Tradução de Jairo Alves Torres Munduruku. São Paulo: Global, 2006.

NERUDA, Pablo. *Confesso que vivi: memórias*. Rio de Janeiro: Bertrand Brasil, 2002.

OLINTO, Heidrun Krieger. Carteiras de identidade(s) de validade limitada. In: MOITA LOPES, Luiz Paulo da; BASTOS, Liliana Cabral (Org.). *Identidades: recortes multi e interdisciplinares*. Campinas: Mercado de Letras, 2002

OLIVEIRA, Lúcia Lippi. *Americanos: representações da identidade nacional no Brasil e nos EUA*. Belo Horizonte: Editora UFMG, 2000.

ONG, Walter. *Oralidade e cultura escrita: a tecnologização da palavra*. Tradução de Enid Abreu Dobránszky. Campinas: Papirus, 1998.

O POVO BRASILEIRO: da obra-prima de Darcy Ribeiro. Idealização e direção de Isa Grinspum Ferraz. Brasil: Superfilmes; Versátil Home Video, 2005. 2 DVDs (260 min.): NTSC, Documentário, color. Português.

ORLANDI, Eni Pulcinelli. *Terra à vista: velho e novo mundo*. Campinas: Editora da Universidade Estadual de Campinas, 1990.

PERISSÉ, Gabriel. *Ler, pensar e escrever*. 5. ed. rev., atual. e ampl. São Paulo: Saraiva, 2011.

PERKINS, George et al. (Ed.). *Harper Collins Reader's Encyclopedia of American Literature*. 2. ed. New York: Harper Collins, 2002.

POLAR, Antonio Cornejo. *O condor voa: literatura e cultura latino-americanas*. Tradução de Ilka Valle de Carvalho. Belo Horizonte: Editora UFMG, 2000.

POTIGUARA, Eliane. *Metade cara, metade máscara*. São Paulo: Global, 2004.

PROFESSORES INDÍGENAS DO ACRE (Org.). *Shenipabu Miyui: história dos antigos*. Belo Horizonte: Editora UFMG, 2000.

REUTER, Yves. *A análise da narrativa: o texto, a ficção e a narração*. Tradução de Mario Pontes. Rio de Janeiro: Difel, 2002.

RIBEIRO, Darcy; MOREIRA NETO, Carlos de Araújo (Org.). *A fundação do Brasil: testemunhos, 1500-1700*. Petrópolis: Vozes, 1992.

RICARDO, Carlos Alberto. "Os índios" e a sociodiversidade nativa contemporânea no Brasil. In: SILVA, Aracy L.; GRUPIONI, Luís D. B. (Org.). *A temática indígena na escola: novos subsídios para professores de 1o e 2o graus*. 4. ed. São Paulo: Global; Brasília: MEC; MARI: UNESCO, 2004.

RISÉRIO, Antonio. *Textos e tribos*: poéticas extraocidentais nos trópicos brasileiros. Rio de Janeiro: Imago, 1993. (Série Diversos.)

ROUSSEAU, Jean-Jacques. *Discurso sobre a origem e os fundamentos da desigualdade entre os homens*. Tradução de Alex Marins. São Paulo: Martin Claret, 2005.

SAID, Edward. *Cultura e imperialismo*. Tradução de Denise Bottman. São Paulo: Companhia das Letras, 1995.

SANTOS, Eduardo Natalino dos. *Deuses do México indígena: estudo comparativo entre narrativas espanholas e nativas*. São Paulo: Palas Athena, 2002.

SANTOS, Sílvio Coelho dos. Os direitos dos indígenas no Brasil. In: SILVA, Aracy L.; GRUPIONI, Luís D. B. (Org.). *A temática indígena na escola: novos subsídios para professores de 1o e 2o graus*. 4. ed. São Paulo: Global; Brasília: MEC; MARI: UNESCO, 2004.

SKLIAR, Carlos. *Pedagogia (improvável) da diferença: e se o outro não estivesse aí?* Tradução de Giane Lessa. Rio de Janeiro: DP&A, 2003

SOUZA, Lynn Mario T. Menezes. Que história é essa? A escrita indígena no Brasil. In: SANTOS, Eloina P. dos. (Org.). *Perspectivas da literatura ameríndia no Brasil Estados Unidos e Canadá*. Feira de Santana: Universidade Estadual de Feira de Santana, 2003.

UNDERWOOD, Carmel; UNDERWOOD, Robert. *The first Americans*. English Teaching Forum, v. 42, n. 4, oct. 2004.

VALLE, Cláudia Netto do (Org.). *Histórias antigas do povo Kaingáng = Uyag rahã kanhgág tỹ kame vẽ = Vasỹ kanhgág ag tỹ kãmén vẽ = Vãsğ ke ag to vãmẽ*. Narração de Pedro Lucas, Domingos Crespim, Lourenço Gavaia. Maringá: Eduem, 2010.

YAMÃ, Yaguarê. *Kurumi Guaré no coração da Amazônia.* 1. ed. São Paulo: FTD, 2007.

ZILBERMAN, Regina. Memória entre oralidade e escrita. In: PAIVA, Aparecida *et al.* (Org.). *Leituras literárias: discursos transitivos.* Belo Horizonte: Ceale; Autêntica, 2005.

ZIMMERMAN, Larry J. *Os índios norte-americanos.* Tradução de Sofia Gomes. Köln: Taschen, 2002.

ZUMTHOR, Paul. Permanência da voz. *O Correio da Unesco*, ano 13, n. 10, out. 1985.

Sites consultados

<http://www.aaanativearts.com/indian tribes_by_states.htm>.
Acesso em 11/12/2011

<http://www.culturabrasil.org/cartadaterra.htm>.
Acesso em 14/01/2012.

<http://www.direitosdacrianca.org.br/em-pauta/2011/04/professor-indigena-observa-avancos-na-educacao>.
Acesso em 12/12/2011.

<http://novaescola.abril.uol.com.br/ed/131_abr00/html/indios_exclusivo.htm>.
Acesso em 11/12/2011

<http://pib.socioambiental.org/pt/c/no-brasil-atual/quem-sao/povos-indigenas>.
Acesso em 11/12/2011

<http://redistic.org/brecha/pr/18_-_CEPAL_portugu% E9s.html>.
Acesso em 11/12/2011

<www.tolerance.org/activity/native-american-influences-us-history-an>.
Acesso em 14/01/2012

<http://usa.usembassy.de/society-natives.htm>.
Acesso em 14/01/2012

Este livro foi composto com tipografia Bembo e impresso
em papel Off Set 90 g na Formato Artes Gráficas.